让世界�燃文起来

李德臻

中华人文素养教程

生活美学

世界华人家学文化传承教程
国家非遗文化审美体验教程
中华优秀传统文化修习教程

李德臻　主编

杨念迅　编审

陈云飞　学术指导

浙江大学出版社
ZHEJIANG UNIVERSITY PRESS

君子人格：人文素养教育之境

——《中华人文素养教程》序

余潇枫 *

（一）

凡人都有其人格，因而人人都是"格"中之人。人格是人的总体形象，现代君子人格是人的价值生命的至高体现，也应是独立人格与公民人格的完好整合。

人至少有"五格"，即体格、性格、品格、资格和规格。体格表征的是一种"生理自我"，通常代表人的外表、容貌和给人的印象等，体格既有先天的因素，又有后天可塑造的可能。性格表征的是一种"心理自我"，通常指人的性格、气质、能力等，是人的心理动力机制的总和。品格表征的是一种"道德自我"，通常指能区分人的高尚与卑下的品质、境界、道德水准以及人的尊严等，是人在后天的行为习惯养成与接受教育过程中形成的德性。资格表征的是一种"法律自我"，通常指法律对人的权利与义务的规定，或是作为主体的权利、义务的确认与获得。规格表征的是一种"角色自我"，不同的社会角色有不同角色行为方式的统一性规定和固定倾向性要求，这些往往通过规格来体现。这"五格"人人都有，各不相同，但五个"格"综合起来则表征的是人的"价值自我"，是人立于世、面于人、从其事的总体形象。

在汉语中，"格"有两种基本词性：一是作为名词的"格"，指定格、规格、格局等，与名词的格组成的相应名词词组有"品格""性格""风格""格言"等，因而"人格"指称人是一种有规定、有准则、有限制的特殊存在物，在名词性的"格"的观照中，人是接受性的、顺从性的、被限定的"存在"；二是作为动词的"格"，指推究、框正、击、打、升等，与动词的格组成的相应动词词组有"格物""格心""格斗""升格"等，因而"人格"指称人是一种行动者、否定者、创造者的存在物，在动词性的"格"

* 余潇枫，浙江宁波人。浙江大学公共管理学院教授、博士生导师，哈佛大学、牛津大学、中国社会科学院高级访问学者，中国首位"昆仑学者"，现为浙江大学全球领导力研究中心主任、浙江大学非传统安全与和平发展研究中心主任、中国高校国际政治研究会常务理事。著有《哲学人格》《人格之境：类伦理学引论》《国际关系伦理学》《比较行政体制：政治学理论应用》《非传统安全概论》等，译著《国际安全研究的演化》《女性主义与后现代国际关系》等，主编《中国非传统安全研究报告（蓝皮书）》《浙江模式与地方政府创新》等，主持"中国非传统安全能力建设""中国非传统安全威胁识别、评估及应对"等多项国家级课题。

的观照中，人并不是一种顺从性的、被限定的"存在"，而是一种通过努力奋斗能创造自己本质的"生存"。提倡君子人格的塑造，强调的是在整合名词的格与动词的格的两种含义的同时，更多地凸显"生存"意义上的"格物""格心""格斗"与人的价值意义上的"升格"。

人格之所以重要，是因为人生活在一个属于人的世界之中，离开人的世界，人就与本然世界的一棵树、一块石头、一只兔子没有什么不同的意义。人格之所以被视作为"人之为人"的标志，还是因为人格是以理性为导引的人的价值动力源，它给予人以主动选择与创造的可能。

（二）

西方社会有民主政治的渊源，由于民主政治的实施需要社会个体的最大可能的参与，故西方社会多崇尚个体示范意义上的"独立人格"。

古希腊雅典法庭曾以"亵渎神"与"蛊惑青年"为由判处苏格拉底死刑，但法庭却同时给苏格拉底留置了可以赎走，也可以逃狱的可能。然而苏格拉底放弃逃生，也不听学生们的规劝，选择了喝毒芹汁而死的方式，并发表演说试图来催醒雅典民主的"沉沦"，成为哲学史上千古传颂的故事。苏格拉底不惜以自己的生命，去维护自己的信仰和人格的尊严，所追求的正是"独立人格"的弘扬。马克思称赞苏格拉底是"哲学的化身"，并称赞他不是作为"神的形象，而是作为人的形象的代表者"。

康德认为人类心灵中最为景仰和敬畏的是"头顶的星空与心中的道德律"，因而，人格说到底就是人的理性崇高性的体现，人格独立问题是"最高伦理学"的研究对象。康德提出了关于独立人格的三大理性判据。其一是精神自由，即理性的自由，理性是人区别于物的标志，自由是整个纯粹理性的"拱心石"，世界上的一切事物都要经过人的理性的"批判"才能逼近真理。其二是意志自律，人格是受意志支配的理性"实体"，其有效性取决于意志的自律性，意志自律表明人要为自我立法，人负有特殊的道德使命，人对自己的意愿与选择要承担责任。其三是良心自觉，即人的善良心、义务感、内心法则，就是人对普遍道德律的绝对尊重，特别是良心自觉强调人不仅要"合于道德"，而且更要"本于道德"，只有"本于道德"才真正体现了人的自觉意义上的良心。康德的独立人格理论强调了人是目的，人格的尊严无价，为人格的塑造建构了理性的价值坐标。

后来黑格尔对康德的独立人格判据进行了"修正"，添加了第四个判据，即"经济自主"。黑格尔认为没有经济自主，人的生存便没有坚实的现实支撑，便没有真正的独立人格可言。黑格尔的修正，在现实性的意义上可以说是一种必要的"完善"，然而在合理性的意义上或许可以说是对康德的一种深深的"误读"。

（三）

中国有贤人政治的渊源，贤人政治是通过榜样的力量激发人们共同努力完成天下大业，故中国社会多追求贤人示范意义上的"君子人格"。

君子人格所蕴含的是道德向高标准看齐与境界向高层次升华的意识自觉，凸显的是正直、正派、正当、正气与正义的价值取向。中国人的所有的德性之学都可以用"君子之道"四字所囊括。中国传统政治思想的一大特点是强调为政者为先的"正心、诚意、修身、齐家"的表率作用，进而才能有"治国、平天下"的可能。中国历史上的禅让制度，大禹治水三过家门而不入的舍小家为大家精神，无数仁人志士为国奉献等等，都是中国式的"君子人格"在历史语境中的践行。

儒家的君子人格是"内圣外王"的最高追求，是以礼为前提，以人伦为核心的对"仁"的追求。孔子认为，"贤人""圣人"必须是"仁者"，有"仁"才有人的价值和人格，同时，人格又是平等的，"人皆可以为尧舜"。儒家对君子人格的塑造主要体现在对"仁、智、礼、义、信、勇"六大美德的追求上。仁者不忧，强调的是仁者"爱人"，对外以爱心对世间万物，对内则要心性和谐，不被那些自己努力达不到的东西，那些为时运所制约的东西，那些人人皆不可抗拒的东西所骚扰，达到不忧不烦的心与物的统一。智者不惑，强调的是智者"知人"，即因知识渊博而心胸开阔，因技能精熟而善解难题，因智慧高深而有自知之明。义者不悔，强调以应当性与合理性处理人际关系，使事事得其所宜，用义而非利作为人格境界的评价尺度，"君子喻于义，小人喻于利""不义而富且贵，于我如浮云"。信者不欺，强调诚实与信用在现实生活中的重要性，"与朋友交，言而有信""道千乘之国，敬事而有信"；信还是立身处世的基础，"民无信不立"，信者不欺，贵在不自欺亦不欺人。勇者不惧，强调的是道德之勇、合乎礼义之勇、呈现浩然之气之勇，孔子认为，"仁者必有勇"，勇者未必有仁，如果说仁、智、勇是天下之"达德"，那么勇与义、礼、智的关系是：勇而无义则为盗，勇而无礼则为乱，勇而无谋则不取。

对中国人来说，仁、智、礼、义、信、勇是构成君子人格的基本要件。孟子较好地继承了孔子的儒家学说与人格理论，提出了永世流传的"大丈夫"型的君子人格，其具体的表述是："居天下之广居，立天下之正位，行天下之大道，得志与民由之，不得志独行其道。富贵不能淫，贫贱不能移，威武不能屈。"而"富贵不能淫，贫贱不能移，威武不能屈"的大丈夫人格正是仁、智、礼、义、信、勇的集中体现，也是君子人格的典型写照。

（四）

无论是西方的独立人格还是中国的君子人格均需要与现代法治社会的公民人格相整合，需要通过对公民的现代人文素养教育而实现传统人格的现代化转型。美国学者英格尔斯则对现代社会的现代公民人格进行了长达几十年的研究，他认为人格三要素是"心理""观念""行为"，这些都切切实实地表现在日常生活之中。现代人格即是"现代心理""现代观念""现代行为"诸要素的集合。英格尔斯强调，人的现代化是社会现代化的前提，而人格现代化又是人的现代化的前提；如果国民在心理、观念和行为上都没有转变为现代人格，不仅其国家称不上是现代化的国家，而且其"失败和畸形发展的悲剧结局是不可避免的"。

现代公民人格为"独立人格"与"君子人格"的现代转型提供了新的理论范式。现代君子人格必须是以现代独立人格为前提的人格，同样现代独立人格也必须以现代君子人格为价值取向，两者又以现代公民人格为其基础。现代公民人格是以法治为前提的非人身依附型的独立人格。可以说，公民人格既是一种道德规范，又是一种法律约束，还是一种责任自觉。当然，在价值排序上，公民人格是基础性的，现代君子人格则是公民人格的价值提升，更具有高位的价值性。

人无独立的人格意识，人是"无我"的，人就属于了实体化和人格化了的那个集群（群落或族群），而君子人格首先是人有独立的君子意识，把自己与小人相区别；同时，君子意识又高于公民意识，如果说公民的价值标准是"合于义务"的话，那么君子的价值标准是"本于义务"。现代君子人格要求在人的生存中发挥创造性的潜力与示范性的张力，以真理为归依，以天下为己任，在整合与超越"本然世界"与"应然世界"的"适然世界"中实现人之为人的至高境界。

人文素养教育为培养现代君子人格提供了重要的路径，也为现代青年追求人格之境提供了重要的可能。君子是"有道"之人，有"人文素养"则是"有道"的前提与基础，"君子坦诚""君子安贫""君子使物""君子崇德""君子博智"等都是君子的人文素养的具体表现。培养现代君子人格的人文素养教育之所以重要，是因为人格化了的世界需要有崇高的人文价值追求。如果说，英国文化的人格化代表是"绅士"的话，那么中国文化的人格化代表则是"君子"。

总之，君子人格是中国人所必然向往与追求的至高价值范式。君子人格是"良知人格"，是"正义人格"，是"勇者人格"，是中华民族人文素养教育之境。在现代社会，无论物质多么丰富、生活多么喧嚣，也无论信息多么刺激、思想多么暴激，只有确立"自觉为人"的君子人格，才使我们有可能在精神家园的寻找中，永远地自主，持续地升华，才使我们有可能去真正导引那生命的律动，去拓展体现"人之为人"的价值生命的无限边界。《中华人文素养教程》正是以其"源于经典，承于主流，彰于特色，重于涵养，便于教学"的原则为现代君子人格的培养提供了正统化、家学化、生态化、实用性、广览性特征的教学文本。"邂逅书香门第里的自己，回归诗礼家国中的斯文"——当代人需从国学中汲取文化营养，以自觉的精神确立君子人格。

"让世界斯文起来"，这是李德臻博士按照孔子大同思想提出的世界愿景。在期文世界里，"人活在上帝与牛顿之间"，这是历代仁人志士孜孜追求的终极目标，是未来中国乃至全球最生态、最和美、最理想的社会形态，也是人类臻及"诗意栖居"生存范式的一个永续和合的适然境界。

是为序。

余潇枫

二〇一八年八月十二日于浙江大学求是园

博文约礼：人文素养教育之维

——《中华人文素养教程》序

董
平
*

李德臻先生主编和十多位专家学者鼎力勷襄而成的《中华人文素养教程》付梓之际，希望我能写个序。蒙李先生青眼，聘我为该教程的"首席专家"，下面我就《素养教程》稍谈一些感想。

中国是世界上最早开化而进入文明的国度之一，教育无疑是摆脱野蛮而进入文明的根本有效方式，因此中国也是世界上最早形成独特教育传统的国度之一。生活在两千五百多年前的孔子是中国平民教育的开创者。某种意义上我们可以说，中国历代的教育都是在孔子思想的指引之下的，是对孔子的教育理念、实践方法的继承与贯彻，由此而实现了中国教育的历史绵延。宋朝人有句话，叫做"天不生仲尼，万古如长夜"，这当然并不是说如果没有孔子太阳就不出来了，天下就一团漆黑了，而是说孔子的思想及其德性实践精神照亮了中国人的心灵世界，启迪了中国文化的精神情怀，从而使人们能够沿着文明的道路不断前行，而终究跻身于精神超拔的光明之域。

人因教育而进入文明。文明是每一个人的内在向往，是人类基于自身生存而产生的本原性价值关切。孔子最早倡导"有教无类"，充分体现他在教育上的平权意识。人人都能够而且应该接受教育，经由教育而共同转进于文明的创造，共同享有文明的成果，从而以文明化成天下，协和万邦，确乎是儒家的基本社会理想。这一理想的实现必须以教育为基础。只有人人实现其德性的自觉，并具备自我德性的现实表达能力，作为人群的社会才可能呈现出良序美俗。因此在孔子那里，教育的根本目的就是要使人成为人，由"自然人"而成为"社会人"，由"个体"而成为"主体"。孔子说"主忠信"，即是要以"忠信"为"主本"而建立起自我的全人格。能以"忠信"为本，以之为安身立命的根基，既内有所主，则外在言行方

---

* 董平，浙江衢州人，现为浙江大学求是特聘教授、哲学系中国哲学博士生导师，担任浙江大学中国思想文化研究所所长、浙江大学佛教文化研究中心主任。兼任中国哲学史学会副会长、中华孔子学会副会长、中国孔子基金会学术委员、浙江省文史研究馆馆员、浙江省稽山王阳明研究院院长等职。曾在央视《百家讲坛》主讲《名相管仲》《传奇王阳明》。主要研究方向为先秦儒家道家哲学、宋明理学与浙东学派、王阳明心学、中国佛教哲学，兼及印度哲学。著有《陈亮评传》《陈亮文粹》《天台宗研究》《浙江思想学术史——从王充到王国维》《老子研读》《王阳明的生活世界：通往圣人之路》《先秦儒学广论》《宋明儒学与浙东学术》等著作，《王阳明全集》（合作）《邹守益集》《杨简全集》等古籍整理著作，以及《东方宗教与哲学》《世界名人论中国文化》（合作）等译著。

有根据，由是而人格得以健全。这一健全人格，即孔子所谓"君子"。"君子"是人格健全的人，是为"成人"。

今天讲教育，都必以"成才"为目的，而不以"成人"为目的，这实在是今日教育的最大误区。孔子讲"君子不器"，最为今日讲教育的人所误会，以为"不器"就是不要求"成才"，而不"成才"就是教育的失败。我坚信孔子之所以从事民间教育事业，定然是为了要培养人才，并且是站在"道"的绝对高度，要培养出能够保持文明传承的种子人才。然而孔子为何要说"君子不器"呢？我们一定要晓得，任何人才的成就，都必须以个体人格的健全与完善为基础性前提。一个对"真己"全然无所知晓，心无所主，而事实上又为人格不健全的人，他连个人的生活责任都承担不起，如何能够指望这样的人来承担起国家大事，能够担当起民族复兴之大业？孔子讲"君子不器"，就是要求人们不要把教育本身当作达成未来功利目的的工具，不能把功利目标作为知识的目的，而要一意"为己"，关注自身人格的健全与完善。只有在健全人格的基础上才可能有事业的真正开拓，惟以"不器"为前提，方能最后"成器"，像子贡那样成为"瑚琏之器"，是为重器美器。达成人格的自觉、健全、完善，即是"成己"，"成己"是"成物"的前提，惟"成己"方能"成物"。所以在儒家的传统理念中，"成己，仁也；成物，智也。""成己"与"成物"的统一，既是"不器"与"成器"的统一，也是"仁"与"智"的统一。这种统一在现实中的确实体现，即是健全人格的表达，以此健全人格为基础，才有事业的成就，是为"君子"。

今天讲教育，又都讲"素质教育"，而人们的做法，大抵给学生塞进一大堆"基础知识"，以为这样做了，就叫做"素质教育"。这又是关于"素质教育"的一大误区。其实人的"素质"，就是人的本原性实在状态。经验生活中，个人的一切成就，都必须是以此"素质"为根基的现实发展。真正的"素质"，就是人在现实中安身立命的基础。照我的看法，孔子才是最早的"素质教育"的提倡者。我们每一个人之所以能够接受教育，通过教育之所以能够成为"君子"，教育作为培养人的"后天的"经验活动之所以可能，都是因为我们人人都"先天地"具有自己的本原"素质"。这个"素质"既是本原的，就不可能是后天习得的，而只能是"天赋的"，所以孔子确信"天生德于予"，孟子坚信"恻隐之心""羞恶之心""辞让之心""是非之心"是人之所以为人的内在根据，"非由外铄我也，我固有之也"。孔子所说的"天德"、孟子所说的"四端之心"，人人生来具足，是"天之所予我者"，不由外铄，非关后天，所以便是人的本原"素质"。正是"素质"的原在才使教育成为可能，因为教育的功能与作用，实际上只在于使受教育者能够自觉到自己有此"素质"的本在，从而使人们能够自觉地加以进一步的封植涵养而使其强固壮大，并锻炼出能够将这些"素质"清晰地、恰当地表达于自己的现实生活之中的能力。在这一意义上，教育其实是人自身本原德性的一种能力呈现，它并不意味着把与人的自身"素质"不相关的东西塞进去，而是意味着要把人的本原"素质"启迪出来。孟子讲"存心养性"，就是强调"素质"的涵养；讲"扩而充之"，就是"素质"表达能力的培养，这就是"素质教育"。如此"素质"，即是德性，德性的表达即是德行；如此"素质"，即是"真己"，"真己"的实现即是"成己"。孔子强调"学以为己"，就是要通过学习的手段与方式使人们能够自觉地意识到"真己"的存在，并将"真己"自身的存在性切实地体现于现实生活之中。如此"真己"的现实表达，不只是德行之善，不只是素质之真，而且是人文之美，所以孔子赞赏"素以为绚"，孟子坚持"充实之为美"。真、善、美的统一原本不只是一种理论，而更是基于"素质"的自我表达而体现在人的生命实践过程之中的。"充实"即是"诚"，外在言行与内在"真己"的相互同一，内外一致，叫做"诚"。"诚"让人快乐，所以孟子说"反身而诚，乐莫大焉"，是为幸福。

教育是要让人幸福，不是要人痛苦。幸福是由于作为本原"素质"的"真己"得到了真实的现实体现而在主体那里所产生的一种快乐，是由于人的本原实在实现了其本身而产生的一种合目的性的内在感受，因此它是内源性的，而不是依赖于外物的。真正的"素质教育"，便是通达于这种"真乐"的途径。

《中华人文素养教程》是依循传统而注重"素质教育"的。其《国学》全书六个单元："孝""仁""义""礼""智""信"，推主编之意，盖欲以"百善孝为先"来奠定学行之根基，而继之以仁义礼智信的实践工夫，可谓紧扣人的"素质"，而深切于今日教育之所需。每课之内容，既有统说，又有原典，既有扩展性阅读材料，又附有思考题，可谓体例完备，而语言简洁，明快通达，尤适合于少年学子。该教程还将诗教、礼教、乐教、历史、家学以及家国情怀、审美趣味、生态理念等等，渗透于《古筝》《围棋》《书法》《国画》《生活美学》诸才艺课程之中，旨在全面涵育学子的生活品味，借以变化气质而转进于"斯文"的雅致。惟自身文雅，方能承继"斯文"之传统而参与于文明的共建。

颜回赞叹孔子，称"仰之弥高，钻之弥坚，瞻之在前，忽焉在后。夫子循循然善诱人，博我以文，约我以礼，欲罢不能。既竭吾才，如有所立卓尔！"中国的传统教育所指向的，从来都不只是一个书本上的学问，而要求须将所学的东西落实于现实的日常生活中去。博学于文，终须归于"约之以礼"，要体现到人在现实中的各种交往情境中去。《中庸》说："博学之，审问之，慎思之，明辨之，笃行之。"一切学问思辨的为学功夫，最终也是要落实到"笃行之"的实践中去。惟有实践才是一切学问思辨的最后意义与价值所在。我们在这样的"学"与"习"的双重互动之中不断开明自己的德性，不断磨砺自我德性的表达能力，不断展开心身一元的完善人格，不断趋向于真善美统一的光明而崇高的世界，我们将因此而享有人生的幸福。

是为序。

董平

二〇一八年九月二十日于浙江大学中国思想文化研究所

前言

以浙江大学、西泠印社、中国美术学院、中国围棋协会、浙江师范大学、浙江音乐学院等院校机构的知名学者为学术指导，由浙江大学出版社出版，凝聚着二十多位专家学者、十多位专职编辑人员和三十多位国学才艺任课教师心血与智慧的《中华人文素养教程》（简称《素养教程》），历时三载，六易其稿，终于问世了。

甲、教程编写的时代背景

教育部关于《完善中华优秀传统文化教育指导纲要》，以弘扬爱国主义精神为核心，从爱国、处世、修身三个层面概括了中华优秀传统文化教育的主要内容：

一是开展以天下兴亡、匹夫有责为重点的家国情怀教育。引导青少年学生深刻认识以祖国的繁荣为最大的光荣，以国家的衰落为最大的耻辱，增强国家认同，培养爱国情感，树立民族自信，形成为实现中华民族伟大复兴而不懈努力的共同理想追求。

二是开展以仁爱共济、立己达人为重点的社会关爱教育。引导青少年学生正确处理个人与他人、个人与社会、个人与自然的关系，学会心存善念、理解他人、尊老爱幼、扶残济困、关心社会、尊重自然，培育集体主义精神和生态文明意识，形成乐于奉献、热心公益慈善的良好风尚。

三是开展以正心笃志、崇德弘毅为重点的人格修养教育。引导青少年学生明辨是非、遵纪守法、坚韧豁达、奋发向上，自觉弘扬中华民族优秀道德思想，形成良好的道德品质和行为习惯。通过家国情怀、社会关爱和人格修养三个层面的教育，培养青少年学生做有自信、懂自尊、能自强、高素养、讲文明、有爱心、知荣辱、守诚信、敢创新的中国人。

乙、人文素养的古今诠释

"人文"一词，最早出现于《易经》贲卦的象辞："刚柔交错，天文也。文明以止，人文也。观乎天文，以察时变；观乎人文，以化成天下。"三国时期王弼解释："止物不以威武，而以文明，人文也。"宋代程颐诠释："天文，天之理也；人文，人之道也。"人文，本义为人的道德层面上的品质、风貌和精神境界。素养，乃平时之教养，是人通过教育和实践等途径日积月累起来的整体素质。素养包括政治素养、人文素养、艺术素养、科学素养、职业素养、技能素养、业务素养以及体质素养、心理素养等。其中，人文素养是素养的核心，是人们学习知识内化后而生成的气质修养——高尚的思想品德、稳定的心理素质、良好的思维方式、自觉的行为操守、优雅的审美情趣、和谐的人际关系，以及正确的世界观、人生观和价值观。一个人具有良好的人文素养，最终会体现在崇真、向善、尚美的人生德性品格之中，它不仅可以长效地促进个人的全面发展，还对民族昌盛、社会进步有着至关重要的作用。

丙、素养教育的当代意义

《汉书》云："马不伏历，不可以趋道；士不素养，不可以重国。"在中国，素养教育源远流长，历朝历代皆将其作为立国之本、树人之基。同时，素养教育也是当代之国策，代表着 21 世纪中国教育和世界教育的方向。素养教育强调家学文化熏陶、社会风气影响、学校教育培养和个人日常修行等多元教育，从本质上揭示了素养教育的模式与方法——传承与创新并存、国教与家学共融、道统与新知同在、认知与践行并重。因而，相对于应试教育、技能训练、职业培训而言，素养教育是对教育规律最直接、最全面、最深刻的揭示与阐释。素养教育的目的，是为了唤醒人的良知，重塑人的信仰，启发人的智慧，陶冶人的情操，砥砺人的意志，五个方面相互关联，构成了人的整体素养，涵盖了人的全部精神世界和人生智慧。素养教育将人文素养作为人的第一要素，强调教育的第一责任是通过"传道、授业、解惑"的教学活动帮助受教育者树立正确的世界观、人生观和价值观，掌握"修身、齐家、治国、平天下"的经世才能。素养教育始终遵循格物致知、知行合一的原则，将个人的思想品行、担当精神、好学敬业、审美情趣、家国情怀作为衡量一个人素养水平的基本标准。

丁、素养教程的编写意图

《关于实施中华优秀传统文化传承发展工程的意见》指出，围绕立德树人根本任务，遵循学生认知规律和教育教学规律，按照一体化、分学段、有序推进的原则，把中华优秀传统文化全方位融入思想道德教育、文化知识教育、艺术体育教育、社会实践教育各环节，贯穿于启蒙教育、基础教育、职业教育、高等教育、继续教育各领域。以幼儿、小学、中学教材为重点，构建中华文化课程和教材体系。编写中华文化青少年读物，开展"少年传承中华传统美德"系列教育活动，创作系列绘本、童谣、儿歌、动画等。修订中小学道德与法治、语文、历史等课程教材。

综观非学历教育培训机构所采用的国学（含启蒙国学，下同）教材，至今未有真正意义上的教材，一直来以传统读本代教材，千篇一律，一成不变。艺术教材也存在一个偏颇的问题，只强调"技"的教学，忽视了"道"的层面，培养出来的学生，其作品缺少创意、缺少灵气，缺少思想境界。楼宇烈先生提出："中国艺术注重表意，讲究体悟，修养道德自觉，强调'以道统艺，由艺臻道'，借由艺术上通下达，实现对世俗尘嚣的超越，并最终实现自我精神的提升。"就国学教材而言，至少需具备五个要素：一是具有主题鲜明的中华传统文化教育思想，二是按照课程大纲内在文化体系编排的单元体例，三是符合学生年龄心理特征安排的教学内容，四是适合课堂教学活动开展而设置的思考题，五是以家学文化为背景、以诗礼相成为模式、以知行合一为原则设置的实践练习；就传统才艺教材而言，除基础知识和基本技能教学外，还需要有德育、美育的渗透，有诗情的融合，有通识教育，有课外广览的延伸。基于此，我们于2015年9月定规划、聚人才、举财力、分步骤启动"中华人文素养教程研发工程"（简称"素养教程"研发工程）。"素养教程"研发工程建设分三个阶段完成：

"一五"期间（2015—2019），前三年完成《素养教程》课程大纲的编制；完成《素养教程》国学、古筝、围棋（级位卷）、书法（楷书卷）、国画（花鸟卷）、生活美学（茶艺、花艺、香艺、女红、服饰、妆容）教程的编著与出版；后两年完成与《素养教程》相配套的《素养体验式教学案》的编写与出版。

"二五"期间（2020—2024），前三年完成《素养教程》诗教、琴箫、围棋（段位卷）、书法（篆隶卷）、国画（山水卷）、心性美学（太极、品诗、知礼、赏乐、鉴宝、颐生）等科目教程以及相配套《素养体验式教学案》的编著与出版；后两年启动针对国内贫困地区和海外华人家庭少儿免费学习的《启蒙诗礼乐》公益教育云课程的编著。

"三五"期间（2025—2029），前三年完成《素养教程》家学、胡笛、象棋、书法（行草卷）、国画（人物卷）、民俗工艺（陶艺、沙艺、布艺、纸艺、扎编、皮影）等科目教程以及相配套《素养体验式教学案》的编著与出版；后两年完成《启蒙诗礼乐》公益教育云课程的编著。

戊、素养教程的编写特色

1. 编辑方针：课程大纲遵循"明德养正，精艺博学；诗礼相成，知行合一"的教学理念，围绕人文素养教育"唤醒正念良知，启迪理性智慧，激发审美雅趣，培育家国情怀，涵养斯文品质"五大重点，把国学文化精神渗透于各科目教程之中，通过教学全面提升学员的人文素养，培养有品德、有智慧、有担当、有家国情怀、有斯文大爱精神的当代才子佳人。

2. 编辑原则：源于经典，承于主流，彰于特色，重于涵养，便于教学。

3. 教程特征：正统化、家学化、生态化、实用性、广览性，这些特色恰好与教育部教材改革目标不期而遇，成了部编新教材的有益补充。

（1）正统化——正心笃志、崇德弘毅、仁爱共济的淑世精神教育。教程以中华优秀传统文化为源泉，将诗教、礼教、乐教、经学、史学、美学和君子精神渗透于人文素养教育课程之中，注重"为天地立心，为生民立命，为往圣继绝学，为万世开太平"的励志教育，强调知人论世能力、守正创新意识和审美情趣的教育，为学员启明德的品性，确立善的正念，播撒诗的种子，教化礼的言行，培育艺的情趣，在学习才艺的过程中接受中华传统美德的熏陶，在潜移默化中逐渐形成健康的人格和正确的世界观、人生观、价值观，进而涵养当代才子佳人的浩然正气、聪明才智和斯文品质。

（2）家学化——诗礼相成、立己达人、经国济世的家国情怀培养。教程着眼于以书香门第为代表的世代相传的中华家学，追溯历代家学渊源，充分汲取传统家训、家书、治家格言和孝经、弟子规、百家姓等宝贵的家学资源，提炼其精华渗透于诸课程之中，强调和家睦邻、推己及人、立己达人，崇尚见贤思齐、与人为善、成人之美，弘扬国家和民族大义，培育青少年"修身、齐家、治国、平天下"的家国情怀，并逐渐内化为自强不息、厚德载物的君子精神和"穷则独善其身，达则兼济天下"的士人品格。

（3）生态化——道法自然、天人合一、和合共生的生态良知回归。"乾知大始，坤作成物"，中华书香文化源于宇宙乾坤，植根于自然厚土。教程坚持将人文素养教育放置于生态文化的大背景中，《素养教程》共出现动物名称187种、植物名称215种，注重自然规律、乾坤通识传授，强调珍爱自然、敬畏自然、向自然学习、与自然和谐相处，旨在让学员领悟生生之德、仁民爱物、民胞物与的生态道德，萌生人类应有的恻隐之心，确立人与自然万物和合共生的观念，进而内化为自觉维护斯文世界的深情大爱。

（4）实用性——文脉贯通、一经三纬、知行合一的课程体例架构。课程结构始终以历代优秀传统文化为经线，并与基础知识、基本技能、审美情趣三个维度交织而成；体例编排以知行合一为原则形成教学、自学、课外亲子体验活动"三位一体"的课程结构；内容的选取、难度量度的确定，均考虑到教师撰写教案和实施教学的参考实用性。使用本教程组织教学或自学时，可根据不同家庭文化背景、年龄特征和原有知识水平，把握好难易度，让学员在愉悦、思考、自觉的状态下学习传统文化，以提高学习效果。

（5）博览性——增加阅读、开阔视野、培养能力的课外学习导向功能。教程以主题设置单元，单元伊始设有"单元概述"，以起到挈领引导作用；单元末尾设有"教学建议"，其中"广览博学"按照科目为学员提供国学阅读书目、古筝练习曲目、围棋名局精粹、书画名作欣赏、生活美学雅集领略等导向性文献提示。在遵循正宗经典原则的基础上，依据单元主题，适度增设一些注重文化背景和情境的，具有代表性、权威性、针对性的文献，以增加教程广览博学的功能，便于教师、家长、成人学员和一些学习能力较强的少儿学员增加阅读量和练习强度，提高才艺专业度，开阔文化视野，并逐步养成自觉查阅文献和习修才艺的良好习惯。

"路漫漫其修远兮，吾将上下而求索"。传承中华书香文化，涵养当代才子佳人，通过推行全民人文素养教育"让世界斯文起来"，是历史赋予华夏民族的伟大使命，任重而道远，需要一代代仁人志士的不懈努力。在中华人文素养教程研发方面，我们只是率先做出探索性的实践，意在抛砖引玉，以期有更多志同道合之士投入人文素养教程建设，有更多的优秀教程不断问世。

莫问"同予者何人"——当国教家学的本质回归人文素养教育，当书香文化成为大众的人文信仰，当我们的下一代自觉地"邂逅书香门第里的自己"，当全社会自信地"回归诗礼家国中的斯文"之时，你我一道漫步在五千年中华文化朗照的"斯文世界"之中……

李汉镖

丙申年二月初三于杭州五云山泊云居（初稿）
戊戌年六月初六于杭州六和圩荻湾里（定稿）

目 录

生活美学源于现实生活，是人们将审美情趣和艺术手法融入日常生活的一种人生状态，如今已然成为一种深受人们喜爱的生活方式。美学专家刘悦笛在《东方生活美学》一书中写道："由古至今，中国人皆善于从生活的各个层面去发现'生活之美'，享受'生活之美'。中国人的一种生活智慧，就在于将过日子过成审美生活。这个传统不仅源远流长而且延续至今。此种原生态的生活美学传统，形成了中国人独有的一种'忧乐圆融'的生活艺术。"[1] 自古以来，中国人对生活之美的追寻从未停歇，茶艺虚静之美，花艺自然之美，香艺从容之美，女红贤淑之美，服饰端庄之美，妆容温婉之美，这些在我国传统文化中滋养生长的生活美学，早已融入人们的生活方式之中，成为中国传统生活美学不可或缺的重要组成部分。

一、生活美学的历史文化意义

美学的概念最初由德国哲学家鲍姆加登在 1750 年提出，它是研究人与世界审美关系的一门学科，其研究对象是审美活动，而审美活动是创造审美价值的人类实践活动。我国传统生活美学教育早在西周时期的六艺教学中就已出现，蔡元培曾提出："吾国古代教育，用礼、乐、射、御、书、数之六艺。乐为纯粹美育；书以记实，亦尚美观；射御在技术之熟练，而亦态度之娴雅；礼之本义在守规则，而其作用又在远鄙俗；盖自数之外，无不含有美育成分者。"可见，我国古代的六艺教育是源于生活而又带有美育性质的全面教育。

1. 茶艺

茶艺，是中华生活美学文化的精粹。从《神农本草经》中对茶的记载到唐代茶圣陆羽的《茶经》问世，饮茶习惯已在国人心中根深蒂固。俗语说："开门七件事：柴米油盐酱醋茶"，其中"茶"不仅具有解渴、药用等功能，是人们生活的必需品，同时，"茶"还是古代文人、女子生活美学中必修的一艺，有道是"古代文人八大雅事，琴棋书画诗酒花茶"。茶艺通常指茶席布置、选茗、择水、烹茶、敬茶、品茶、茶具鉴赏等一系列技艺，后来逐渐扩展到文学、艺术、哲学、美学等领域，并形成了独特的中华茶道

---

[1] 刘悦笛. 东方生活美学 [M]. 北京：人民出版社，2019.

精神。茶道精神，即茶的修身养性之道、审美之道，它是生活美学的升华，是茶文化的灵魂。唐宋时期，饮茶、品茶等茶艺风靡，不仅王宫贵族、文人雅士钟情于茶艺，宫廷仕女和民间大家闺秀也会以茶修身养性、以茶交友，通过煮茶、品茶学习礼仪，陶冶情操。唐代封演的《封氏闻见记》中就有"茶道大行，王公朝士无不饮者"的记载。中华茶道讲求身心双修，因为茶道活动需要遵循特定的礼法程序进行，人们通过茶艺修习姿态、仪容、礼节等，通过静心品赏、感悟茶文化，怡情悟道。

2. 花艺

花艺，是一种传统文化现象和日常生活中的审美活动，通过对花的品种、序列、形状、色彩等安排，来满足人的主观审美、情感寄托和精神享受。中国的插花艺术通常被认为源于先人爱花、种花、赏花、赠花、佩花等行为。屈原在《离骚》《湘夫人》《渔父》等诗篇中多次提到折枝花卉，佩戴在头上或是服饰上，以众多的"香草""香花"意象来象征高洁脱俗的人格品性。后来逐渐出现了"自由花""理念花""心象花"等新形式。明代《瓶史》《瓶花谱》的问世，形成了完备的插花艺术体系，并成为东方插花艺术的理论基础。中国的插花艺术糅合了儒、释、道三家思想，主张"天人合一""顺其自然"，移情于草木花枝，通过裁剪、装点赋予它们不同的形象与寓意，以此传递美感、表达思想、寄托情思。

3. 香艺

香艺，是指通过制香、选香、点香、焚香、熏香、闻香、品香以及香器具鉴赏等审美活动提高生活品质的一门艺术。香艺活动与哲学、美学以及其他艺术结合，就形成了高雅的香道文化。香艺是古人修身养性的雅事，是中国传统文化的重要组成部分，体现了中华民族高雅的精神内涵和生活境界。宋人吴自牧的《梦粱录》中，将焚香与点茶、挂画、插花并称为"雅士四艺"。黄庭坚的《香之十德》中称赞了香有"感格鬼神，清净身心，能拂污秽，能觉睡眠，静中成友，尘里偷闲"等好处。先秦时期的人们就有佩戴香囊或者插戴香草、香花的习惯，诗人屈原开创了"香草美人"的文学意象，为香文化增添了诗的意蕴。香艺在宋代达到顶峰，并逐渐从君子之德演变为女子之艺。香蕴含着自然造化之美，从前期简单的熏香，升华到后来的识香、制香、焚香、品香、咏香等一系列文化艺术活动，表现了人们安逸从容的生活态度，实现了人与自然、人与社会、身与心性的和谐统一。

4. 女红

女红，民间俗称针线活，是指女子所做的针线、纺织、刺绣、缝纫等手工技艺以及由此制作成的工艺品。约五千年前，我们的先人们发明了纺织、制衣等技艺，"男耕女织"的生产模式就此形成。女子们从小就学会绣花、纺织、编织、裁衣缝纫等手工活计，这就是最初始的女红。女红艺术源于生活，又服务于生活，它是与现实生活最为贴近的手工艺术。由于这些手工活计需要女子心灵手巧，需要艺术创意，成品具有审美价值，所以女红被列为女子才艺之一。《礼记·昏义》曰："以古者妇人先嫁三月……教以妇德、妇言、妇容、妇功。"其中"妇功"即女红，"德、言、容、功"是衡量妇女品德的重要标尺。当代女子可以通过女红养成勤于手工的习惯，提升审美情趣和优雅心性。

5. 服饰

《尚书·正义》中注"华夏"："冕服华章曰华，大国曰夏"。《左传·定公十年》疏云："中国有礼仪之大，故称夏；有章服之美，谓之华"。中国自古为"衣冠上国""礼仪之邦"，有学者认为，人类最早的服装是以树叶、兽皮做面料，用细藤、长草等编制而成，最初功能是蔽体遮羞。害羞是人类与动物最根本的区别，人类从发明第一件用于遮羞的服装开始，文明就诞生了。所以说，服饰是日常生活中蔽体遮羞、保暖防寒的必需品，更是生活美学最为厚重的文化元素，是人类精神生活不可或缺的重要组成部分。时至今日，服饰愈发成为生活美学的重要元素。随着时代的进步，服装的面料、色彩、造型、款式以及饰品搭配艺术，都在不断地传承、创新、衍化，呈现出自然风、中国风、民族风、简约风、个性风等多元特征。人们在选择、购买、穿着和搭配服饰时，更多地从生活美学的角度去考量和取舍，从而促进服装美学成为一门贯通古今中外的显学。

6. 妆容

妆容，是中华传统文化中绮美瑰丽的篇章之一，无数名家诗词曲赋、小说传记、书画艺术，都毫不吝啬地用笔墨表达对女子妆容之美的称许与赞扬。从夏、商、周的"以铅为粉"到汉、魏的"桃花飞霞"，唐代的"贵妃红汗"，宋、明、清的"素面淡妆"，再到民国女子的"书香红颜"，历朝历代的妆容不断变化，唯独不变的是对美的孜孜追求。爱美是人的天性，中国的女子妆容经过历史的传承和衍变，形成了一门纯审美的艺术，从而善于妆容的东方女性也成为一种美好的象征，一种最具内涵的审美文化元素之一。

《周礼·保氏》中云："养国子以道，乃教之六艺：一曰五礼，二曰六乐，三曰五射，四曰五驭，五曰六书，六曰九数"，君子以六艺正心修身；宋代洪巽《旸谷漫录》中记载："京都中下之户……每生女则爱护如捧璧擎珠，甫长成则随其姿质，教以艺业……"，女子以巧艺淑慎其身。生活美学为快节奏、高强度、大变更的当代社会保留了一方宁静恬美的理想乡，是中华优秀传统文化最具雅俗共赏特色的艺术。

二、生活美学的当代意义

人们对自然美、艺术美和生活美有着无限的向往和追求，他们利用身边的资源，通过巧思匠心，在茶艺、花艺、香艺、女红、服饰、妆容等传统才艺中注入不同的个性，以完成自己对美的诠释与创意，表达热爱生活美学的情怀。学习生活美学，可以培养细心、耐心、注重细节的生活习性，并能提升热爱美、发现美、创造美的艺术情趣和审美能力。

《完善中华优秀传统文化教育指导纲要》（以下简称《纲要》）提出："加强中华优秀传统文化教育，是构建中华优秀传统文化传承体系，推动文化传承创新的重要途径。"同时强调优秀传统文化教育与时代精神教育，课堂教育与实践教育，学校教育、家庭教育、社会教育相结合的基本原则，致力于通过传统文化的弘扬与学习树立正确的世界观、人生观、价值观，做到情飞扬、志高昂、人灵秀。《纲要》还提出："把中华优秀传统文化教育系统融入课程和教材体系""着力增强中华优秀传统文化教育的多元支撑"，既要发挥学校的主阵地作用，又要加强家庭、社会与学校之间的配合，形成互为补充、相互协作的传统文化教育格局。

2008 年 6 月，茶艺经国务院批准列入第二批国家级非物质文化遗产名录。香艺和花艺的专业培训课程也层出不穷，并得到公众的积极参与和有识之士的大力支持。2015 年 4 月，中国汉服博物馆在青岛开馆；2017 年 6 月，汉服于 2017 丝绸之路国际博览会暨第 21 届中国东西部合作与投资贸易洽谈会亮相，中国传统服饰逐渐步入公众的生活，并作为优秀传统文化的代表走出国门。《国家"十三五"时期文化发展改革规划纲要》指出，要大力传承弘扬中华优秀传统文化，加强中华优秀传统文化研究挖掘和创新发展，保护和发展传统工艺，促进中华民族文化基因与当代文化相适应、与现代社会相协调，实现传统文化创造性转化和创新性发展。

基此，《中华人文素养教程·生活美学》（以下称《生活美学》）的编写方针是，在生活美学基本知识教学的同时，注重培养自主创作能力，从实践中深入领会中华优秀传统文化的精髓，并与时代相结合，推陈出新。品赏生活美学，既是一种物质享受，又是一种精神体验，丰富知识体系，提升生活品质和内在涵养，是一种理想的自我修行方式，一种高雅而又不离人间烟火的艺术。总之，生活美学对传播雅致美学文化、涵养才子佳人品性、提升精神生活品质、重塑书香人文信仰具有重要的现实意义。

三、《生活美学》教程体例与特征

1.《生活美学》教程课文体例

《生活美学》教程按照"传承中华书香文化，涵养当代才子佳人"的办学宗旨，"明德养正，精艺博学；诗礼相成，知行合一"的教育理念和"博观约取，厚积薄发；循序渐进，推陈出新"的教学原则设置课程大纲。教程按照茶艺、花艺、香艺、女红、服饰、妆容的分类，安排 6 个单元，共 36 课。每课围绕单元主题，按照"历史典故""基础知识""生活如诗""艺海拾贝""乾坤通识""知学思考""知行合一"等序列编排，力求做到自然与人文、生活与美学、艺术与文学、主题与通识、传承与创新、课内与课外以及专业性与趣味性、历史渊源与时代意义的融合统一、相得益彰。

该教程"历史典故"安排 36 篇与生活美学相关的故事，重在以趣味开篇，引入课程主题；"生活如诗"选取 36 首与生活美学相关的古诗词，重在培养学员的文学涵养；"艺海拾贝"节选 36 则古文，重在培养理性认知能力；"知学思考"为课堂思考题，重在活跃抽象思维能力；"知行合一"为实践练习题，旨在巩固所学知识，训练学以致用和自主创新的能力。此外，每个单元之后设有"本单元教学建议"，以供课堂教学和自学参考，其中"广览博学"提供了一系列古典文献书目和相关视频，旨在为学员的课外学习起到导向作用，培养学员良好的阅读习惯。

该教程旨在为学习生活美学的学员提供一个完整规范、简明易懂、意趣盎然、寓品德和审美教育于生活美学教学之中、融导师传授与自主实践为一体的课程体系。教程的每篇课文安排 3 堂课（每堂课为 90 分钟），第 1 堂课以导师讲授为主，重在了解基础知识；第 2 堂课以实践操作教学为主，重在掌握实操性的基本技艺；第 3 堂课以雅集活动为主，即在导师的引导下学员一起创造性地开展美学雅集活动。

2.《生活美学》教程单元主题

按照中国传统美学之宗,《生活美学》教程选取茶艺、花艺、香艺、女红、服饰、妆容六个科目组成课程单元。

第一单元"茶艺",了解我国茶艺的历史渊源和文化内涵,认识茶叶、茶具、茶艺、茶礼等相关知识,领会茶艺流程和茶道文化内涵;第二单元"花艺",了解我国传统花艺的历史渊源,认识花器花目、插花流程,培养审美情趣;第三单元"香艺",了解我国香艺的历史渊源和文化内涵,认识香材、器具和用香方法等,养成高雅的生活情趣;第四单元"女红",了解我国女红的历史渊源和文化内涵,认识纺织、刺绣、编织等不同类别的女红以及时代发展下的新型女红等,培养女子心灵手巧的智慧、能力和审美生活情趣;第五单元"服饰",了解我国传统服饰的历史渊源和审美元素,认识服饰的形制分类和质料、服色以及图纹,领略历史发展对服饰美学的影响等,培养人们穿衣佩饰的审美能力;第六单元"妆容",了解我国传统妆容的历史渊源和时代特色,认识面妆、眉眼妆和唇妆的演变特点,体会妆容与时代的碰撞与融合等,培养女子因人而宜、因时而变、因场而异妆扮自我的技艺。

3.《生活美学》教程特色优势

《生活美学》教程,具有鲜明的特色和优势。概括起来,主要是三个方面:

第一,通过与历史典故、古典诗词、美学理论、美学通识的对接,将品德教育、观察力、想象力训练和审美能力的培养渗透于生活美学知识教学和雅集活动之中,重在拓展知识、引导思维,培养独立人格和高雅的审美情趣。

第二,通过一系列实践手工练习、艺术创作和雅集体验的合理安排,构建起自然生态和生活美学的文化空间,从而促使传统的生活美学文化代代相传,并不断注入新思想、新内容、新方式,为培养有涵养、人格独立、内心和美的新时代国民发挥应有的积极作用。

第三,教程从茶艺、花艺、香艺、女红、服饰、妆容六个方面着手,形成完善、有序、特色鲜明的教学体系;每单元的课程安排条理清晰,基础知识的讲解清晰易懂,结合"知学思考""知行合一",方便学员课外自习练习和自我审美能力的提升。

学好生活美学能提升人的整体气质和生活品质,涵养人的审美情趣。现实人间烟火邂逅传统生活美学,使人生活得更靓丽、更美好、更自信和更有幸福感。

杨金土

丙申年芒种于杭州

第一单元

茶艺

本单元概述

　　本单元安排的课程内容是：初步了解茶的历史渊源、茶园、茶叶、茶具、茶席、茶艺、茶人、茶礼、茶与文学、茶与艺术、茶与哲学、茶与养生以及茶道精神等知识；通过学习《神农识茶》《苦口师》《陆羽品茶》等历史典故，知道茶的发源地在中国，茶艺是我国古人的智慧结晶，学习茶艺、品茶是一件修身养性的事情；通过赏阅《娇女诗》《尝茶》《茶》等古诗，了解我国著名的咏茶诗词，明白"诗因茶而诗性更浓，茶因诗而茶名愈远"的道理；通过理解《茶经》《大观茶论》《茶录》中的名句，了解中国茶文化，懂得要以茶修身、享受生活的品质，茶如人生，要学会以"和、静、怡、真"的茶道精神来感悟人生、规范行为标准、提升自我品性。

第一课 茶的历史渊源

——止为荼莽据，吹嘘对鼎立

【历史典故】

神农识茶

关于茶的起源，众说纷纭，比较普遍的观点认为，茶起源于5000多年前的神农氏（姜姓，号烈山氏，一说即炎帝，传说中我国农业与医药的发明者）。现存最早的中药经典著作《神农本草经》中记载："神农尝百草，日遇七十二毒，得荼而解之。"陆羽《茶经》中也记载："茶之为饮，发乎神农氏，闻于鲁周公。"神农时代，生产力落后，五谷、杂草等都长在一起，人们分不清哪些可以吃，哪些有毒，所以经常因吃错东西而患病。为了解除人们的疾苦，神农跋山涉水，风餐露宿，亲自尝遍各种植物。有一次，神农尝到了一种有毒的植物，顿时头晕目眩，他赶紧靠在一棵树下休息。恰巧这时一阵风吹来，树上落下几片气味清香的绿色叶子，神农随手放在嘴里尝了一下，顿觉精神振奋，不适之感逐渐消失。神农欣喜万分，采集了这类叶子带回去仔细研究，发现它是一种味微苦、清凉、有生津解毒作用的药材，就将其命名为"荼"（唐之前无"茶"字，以"荼"代指"茶"）。茶，最早被作为一种草药来使用，后来逐渐成为人们的日常饮品，并传至世界各地。

【基础知识】

寻找茶的渊源

陆羽《茶经》中记载："茶之为饮，发乎神农氏，闻于鲁周公。"我国是茶的故乡，也是茶文化的发源地。

商周时期，茶被视为一种珍品。东晋史学家常璩在《华阳国志·巴志》中记载："周武王伐纣，实得巴蜀之师，著乎尚书……丹、漆、茶、蜜……皆纳贡之。"这表明在商朝末年，茶已经作为一种珍品用于纳贡。《华阳国志》中还记载，西周时期就已出现人工栽培的茶园，由此可见，我国至少在商周时期便已开始使用茶。

春秋时期，晏婴著的《晏子春秋》中记载："婴相齐景公时，食脱粟之食，炙三戈五卵，茗菜而已。"茶叶作为蔬菜，与饭菜调和，但仍被称作

3

苦菜。

西汉时期，王褒所著的《僮约》中提到"烹茶尽具""武阳买茶"，这是茶叶用于商业贸易的最早记载。

东汉末年，华佗《食论》中"苦茶久食，益意思"的记载，记录了茶的药用价值。

三国时期，《三国志·吴书·韦曜传》中记载："密赐茶荈以代酒"，这是"以茶代酒"最早的记载。

魏晋南北朝时期，饮茶开始讲求烹煮的技巧。《邛州先茶记》中记载，南朝梁已经开始将"荼"读作"茶"，但尚未将"荼"改为"茶"字。

隋唐时期，饮茶之风更加深入人们生活。唐玄宗所撰的《开元文字音义》中首次出现"茶"字。唐人封演《封氏见闻录》有"茶道大兴，王公朝士无不饮者"的记载。唐代宗时，开始在顾渚山（今浙江湖州长兴县西北）建立贡茶院。公元 8 世纪后，陆羽的《茶经》问世，书中提到此时唐代已出现大约 50 余种名茶。唐顺宗时，日本僧人最澄在天台山学习佛教和茶道，回国时带去茶籽，这是茶叶传入日本的最早记载。唐朝中后期，煎茶法开始流行。唐人所绘的《宫乐图》中的仕女，或舀茶，或炙茶，或品茗，是该时期典型的煎茶喝法。

唐·佚名《宫乐图》

宋代，斗茶之风盛行，刘松年的《斗茶图》生动地反映了该时期的斗茶习俗。宋太宗开始在建安（今福建建瓯）设立宫焙，专造北苑贡茶。宋徽宗赵佶亲著《大观茶论》，弘扬茶文化。该时期新兴的点茶法代替煎茶法成为时尚，刘松年的《撵茶图》充分展示了文人雅士品茗赏画的场面，再现了两宋新兴的点茶技艺。日本高僧希玄道元入宋求法时，曾问道径山（杭州境内），回国后按照唐宋《百丈清规》《禅苑清规》等制定了一系列清规戒律，根据径山茶宴礼法，对吃茶、行茶等茶礼作了详细规定，对其后的日本茶道礼法产生了深远影响。

南宋·刘松年《斗茶图》（局部）　　　　南宋·刘松年《撵茶图》（局部）

元代，茶学与茶文化进一步发展。据《元史·食货志》记载，元代已经出现专门经营茶的茶户，国家也设立管理茶的机构"榷茶都转运司"等。该时期散茶已有完备的工艺，虽然还未普及，但也是制茶工艺的一场重大改革。

明代，散茶全面普及。在散茶的基础上，又出现了芽茶和叶茶，人们在饮茶中追求自然美与环境美。这时期茶的饮用改为撮泡法，紫砂壶应运而生。

清代，饮茶之风普及，茶叶生产制作技艺日益成熟，工艺以烘青与炒青为主。茶馆作为平民饮茶场所，发展迅速。此外，清代基本形成了五类茶，即青茶、白茶、红茶、黑茶、黄茶。

茶，经过几千年的历史发展，受到人们的普遍喜爱，这不仅因为饮茶有益于身体健康，而且可以修身养性、陶冶情操。

【生活如诗】

娇女诗（节选）
西晋·左思

止为茶荈据，吹嘘对鼎立。
脂腻漫白袖，烟熏染阿锡。

赏阅：

惠芳和纨素因为煎汤不熟而着急，用嘴对着茶炉吹气。白色的袖子被油渍污染了，衣服被烟熏成了黑色。

据《左棻墓志》记载，左思有两个女儿，大女儿叫左芳，小字"惠芳"，小女儿叫左媛，小字"纨素"，诗中的娇女指的就是左芳与左媛。"鼎"就是指烧茶所用的风炉与锅两种茶器具。由此可知，西晋时期，饮茶已较为普及，小女孩也乐于煮茶。

左思（约250—约305），字太冲，齐国临淄（今山东淄博）人，西晋文学家，曾任秘书郎。左思是太康时期文学家，其《三都赋》（《蜀都赋》《吴都赋》《魏都赋》）《咏史诗》颇受当时称颂，其《招隐诗》中的"未必丝与竹，山水有清音"，为世代隐士吟咏不绝的名句。后人辑有《左太冲集》。

【艺海拾贝】

茶者，南方之嘉木也。一尺、二尺乃至数十尺；其巴山峡川有两人合抱者，伐而掇之。其树如瓜芦，叶如栀子，花如白蔷薇，实如栟榈，蒂如丁香，根如胡桃。其字或从草，或从木，或草木并。其名一曰茶，二曰槚，三曰蔎，四曰茗，五曰荈。

——唐·陆羽《茶经》

赏阅：

茶树，是我国南方的一种优良树木。树高一、二尺乃至数丈；在巴山、峡川有的茶树甚至要两人合抱，只有砍下枝条才能采茶叶。这种茶树，树的形态像皋芦，树叶像栀子，花像白色的蔷薇，果实像棕树的果实，花蒂像丁香，根部像胡桃。"茶"字的结构，有的从"草"部，有的从"木"部，有的"草""木"兼从。茶的名称有五种：一称"茶"，二称"槚"，三称"蔎"，四称"茗"，五称"荈"。

陆羽（733—约804），字鸿渐，自称桑苧翁，又号东冈子，复州竟陵（今湖北天门）人，唐代著名茶学家。陆羽一生嗜茶，精于茶道，唐上元初年（760）隐居苕溪（今浙江湖州），撰《茶经》三卷，成为世界上第一部茶叶专著，被誉为"茶圣"，奉为"茶仙"，祀为"茶神"，为世界茶业发展做出了卓越贡献。

【乾坤通识】

茶马古道

茶马古道是指唐宋至民国时期，中国西南地区以马帮为主要交通工具的民间商贸通道，它是汉、藏之间以茶易马或以马换茶的一条重要贸易往来和经济联系之道。

据史籍记载，中国茶叶销往海外最早可追溯至南北朝时期。当时的商人在与蒙古毗邻的边境，通过以茶易物的方式，将茶叶输出到土耳其等国家。隋唐时期，随着丝绸之路的开通，人们通过以茶易马的方式，将茶叶输出到西亚、北亚、阿拉伯、俄国以及欧洲各国。唐代及之后的历代统治者均十分重视茶马交易。唐肃宗时，在蒙古的回纥地区驱马茶市，开创了政府支持茶马交易的先河。宋代，茶马交易主要在陕甘地区，易马的茶叶就地取于川蜀，并在成都、秦州（今甘肃天水）各置榷茶和买马司，对当时的边区经济发展、民族团结、政权防务具有重要的战略意义。到了元代，政府废止了宋代的茶马治边政策。明代时，政府恢复了茶马交易政策，还将其作为统治西北各民族的重要手段之一。到了清代，茶马治边政策松动，雍正十三年（1735），官营茶马交易制度最终终止。民国时期，民间的茶马交易继续在藏、川、滇边区进行。

中国茶马古道有三条，即陕甘茶马古道、陕康藏茶马古道（蹚古道）与滇藏茶马古道。陕甘茶马古道，是中国内地茶叶西行并换取马匹的主要通道，也是丝绸之路的主要路线之一。陕康藏茶马古道，形成于陕西商人与古代西南边陲的茶马互市，其中最繁华的茶马交易市场在康定，称为"蹚古道"。滇藏茶马古道，南起云南茶叶产区西双版纳易武、普洱市，中途经过今天的大理白族自治州、丽江市、香格里拉进入西藏，直达拉萨。

茶马古道影响巨大，从7世纪至20世纪50、60年代滇藏、川藏公路相继修通，历尽岁月沧桑，以"茶马互换"的交易形式，促进了边贸地区茶业、畜牧业的发展和沿途地区宗教、艺术、风俗文化的发展，与丝绸之路一样为东西方经济文化交流做出了重要贡献。

【知学思考】

1. "茶"字由哪几部分组成？你能说说其造字本义吗？
2. 简略说说中国茶文化的发展史。

【知行合一】

1. 查阅南宋时期的茶文化，并做成笔记，以备日后经常翻阅领会。
2. 吟诵左思的《娇女诗》（节选），体会诗中左思两个女儿煮茶时的纯真娇憨之态。
3. 查阅相关文献，了解"茶"字的字形演变，学着用毛笔书写"茶"字。
4. 说说"茶马古道"的历史意义，若有条件，可与好友结伴游览茶马古道，以进一步领悟中国古老的茶文化。

第二课 茶园与茶叶
——此物信灵味，本自出山原

【历史典故】

苦口师

茶有许多别名，如忘忧草、晚甘侯、王孙草等等，还有一个别称叫"苦口师"，关于其来历，还有一段有趣的故事。

五代诗人皮光业，文采过人，父亲是唐代诗人皮日休。皮光业天资聪慧，十岁便能作诗文，善于言谈，气质倜傥，交友广泛，天福二年时担任吴越国丞相。皮光业爱茶成癖，朝中上下无人不知。有一次，新柑上市，皮光业的表兄弟邀他前来品尝，并专门设宴款待，朝中的达官贵人都应约而来。皮光业入座后，对新鲜味美的柑橘视而不见，反而急呼着要喝茶。对于他的这种行为大家也是见怪不怪，他的表兄弟赶紧让侍者捧上茶，皮光业手持茶杯，慢慢饮啜，即席吟了一句："未见甘心氏，先迎苦口师。"甘心氏即为柑，苦口师即为茶。众人见状不禁笑道："苦口师太过清高，恐怕不能充饥啊！"从此，茶就有了"苦口师"的雅号。

【基础知识】

茶 园

茶园，顾名思义就是种植茶树、采摘茶叶的园地。我国较著名的茶园主要有安化黑茶园、杭州西湖龙井茶园、苏州碧螺春茶园、安徽祁门茶园与信阳毛尖茶园等。

1. 杭州西湖龙井茶园
杭州西湖龙井茶园，位于西湖周边区域。龙井茶是享誉海内外的名品，被选为国宾礼茶。西湖龙井重点产茶区是狮（狮峰、胡公庙、棋盘山、上天竺）、虎（虎跑、四眼井、赤山埠、三台山）、龙（龙井、翁家山、满觉陇、杨梅岭、九溪、理安寺、赤山埠、白鹤峰）、云（云栖、五云山、琅珰岭西）、梅（梅家坞、樊村）等地域，特殊的自然条件与人文环境，加上精心培育、采摘和传统手工炒制技艺，形成了西湖龙井"色绿、香郁、味甘、形美"的特征。

2. 苏州碧螺春茶园

碧螺春茶园位于苏州东山地域。东山是延伸于太湖中的一个半岛，是碧螺春的原产地。碧螺春茶树栽培历史悠久，以果茶立体模式栽培，茶树与枇杷、杨梅等花果树间种，使碧螺春茶具有一种独特的花果香。

3. 信阳毛尖茶园

信阳毛尖茶园，坐落在大别山北麓，气候湿润，光照充沛。正宗信阳毛尖产区主要集中在车云山、集云山、云雾山、天云山、连云山、黑龙潭、白龙潭、何家寨，也就是"五云两潭一寨"。信阳毛尖产于高山中，日夜温差较大，周围都是山林，有机质富厚，而且山林中空气洁净，生态环境好，产出的茶叶质量纯正，无杂味。

4. 安徽祁门茶园

安徽祁门县，是祁门红茶的正宗产地，是我国建立最早的茶叶作场。祁门土壤肥沃、气候温和、雨水丰裕、日照适中，茶树品质高，所产红茶最优。"祁红特绝群芳最，清誉高香不二门"，祁门红茶与印度大吉岭茶、斯里兰卡乌伐的季候茶并列为世界公认的三大高香茶。

5. 安化黑茶园

安化黑茶园，位于湖南安化。安化黑茶，最早产于资江边上的苞芷园，是历史上著名的销往边疆的茶，深受西北、陕西、甘肃等地人们的喜爱。

茶叶的种类与制作

我国作为茶的故乡，种茶、品茶历史悠久，茶的种类也很丰富。茶基本分为绿、白、黄、青、红、黑六大类。不同类型的茶在外形、色泽、香气、功效、滋味等方面都各有千秋。

1. 绿茶

绿茶，茶叶呈长条形、圆柱形等不同形状，条索紧结，色泽鲜绿，香高持久。制作绿茶有杀青、揉捻与干燥三道工序。杀青能使茶叶内部水分蒸发，叶子变软；揉捻，即通过外力将叶片外表揉破，使茶叶由片状变成条状，缩小体积以便于包装、储藏等；干燥的方法有烘干、炒干与晒干三种。中国大部分名茶为绿茶，如杭州西湖龙井、苏州洞庭碧螺春、黄山毛峰等。

2. 白茶

白茶，属轻微发酵茶，其汤色黄绿清澈，香气清鲜，滋味清淡回甘。白茶采摘后，不经过杀青和揉捻，只有萎凋、烘培（或阴干）、拣剔、复火等四道工序。有名的白茶主要出自福建东北部地区，如白毫银针、白牡丹、贡眉等。白毫银针形如其名，冲泡后茶汤呈浅杏黄色，香气清新，沁人心脾；白牡丹形似花朵，冲泡后如蓓蕾初开，香气扑鼻，滋味清鲜爽口；贡眉冲泡后汤色呈橙色或深黄色，滋味醇爽，香气鲜纯。

绿茶

白茶

3. 黄茶

黄茶，与绿茶的加工工艺略有不同，在干燥过程前增加了一道焖堆渥黄工序。焖堆后，叶变黄，再经干燥制成，浸泡后是黄汤黄叶，且每叶都立在杯中，"如刀山剑碰"。黄茶按照鲜叶老嫩与芽叶大小分为黄芽茶、黄小茶与黄大茶。黄芽茶，如湖南岳阳的君山银针、浙江德清的莫干黄芽、四川的蒙顶黄芽、安徽的霍山黄芽等；黄小茶，如湖南岳阳的北港毛尖、浙江的平阳黄汤、湖南宁乡的沩山毛尖等；黄大茶，如安徽的霍山黄大茶、广东的大青叶等。

4. 青茶

青茶，又称乌龙茶，品尝后齿颊留香，回味甘鲜，制作时需经过萎凋、做青、炒青、揉捻、干燥五道工序。青茶花色品种众多，且均以茶树品种命名，如乌龙品种采制的称为乌龙，铁观音品种采制的称为铁观音，水仙品种采制的称为水仙。同一茶树品种前又会冠以地区名称加以区别，如乌龙茶有武夷乌龙、台湾乌龙，铁观音有安溪铁观音、台湾铁观音，水仙有武夷水仙、闽南水仙、闽北水仙等。

黄茶

青茶

5. 红茶

红茶,是一种全发酵茶,色泽明亮鲜艳,味道香甜甘醇,因其冲泡后的茶汤与叶底色呈红色而得名。其制作有萎凋、揉捻、发酵、干燥等四道工序。红茶与绿茶不同,绿茶保存时间过长会失去味道,但红茶能够保存时间较长且味道不变。我国红茶品种主要有祁红、滇红、川红、霍红等,其中尤以祁门红茶最为著名,条索细长,色泽乌黑泛红光,香气浓郁、持久,即使添加鲜奶也不失其香醇。

6. 黑茶

黑茶,属于后发酵茶,因其成品茶的外观呈黑色而得名。黑茶是我国特有的茶类,共有杀青、揉捻、渥堆、干燥四道工序。黑茶按照地域主要分为湖南黑茶(茯砖茶、黑砖茶、千两茶、天尖、贡尖、生尖等)、湖北黑茶(紧压型青砖茶、散装青砖茶)、四川边茶(金尖、康砖等)、广西六堡茶以及陕西黑茶(茯茶)等。湖南黑茶历史悠久,茶汤滋味浓醇,无粗涩味,具有松烟香气。

红茶

黑茶

中国茶类一览表

类别	工艺	名茶及产地	性质
绿茶	未发酵	①西湖龙井(杭州);②洞庭碧螺春(苏州);③黄山毛峰(安徽);④六安瓜片(安徽);⑤信阳毛尖(河南);⑥庐山云雾(江西);⑦都匀毛尖(贵州);⑧恩施玉露(湖北)等。	叶绿汤清 清香醇美 口感鲜爽 性凉
白茶	微发酵	①白毫银针(福鼎、政和);②白牡丹(建阳、政和、松溪、福鼎);③寿眉-贡眉(建阳、浦城)等。	色白隐绿 滋味鲜醇 清香甘美 性凉
黄茶	轻发酵	①君山银针(湖南);②蒙顶黄芽(四川);③霍山黄芽(安徽)等。	叶黄汤黄 金黄明亮 甘香醇爽 性凉

续表

类别	工艺	名茶及产地	性质
青茶（乌龙）	半发酵	①武夷岩茶、大红袍（闽北）；②安溪铁观音（闽南）；③凤凰水仙、凤凰单枞（广东）；④冻顶乌龙（台湾）等。	形色青褐 青绿金黄 清香醇厚 性平
红茶	全发酵	①祁红（安徽）；②滇红（云南）；③闽红：正山小种、金骏眉（福建）；④川红（四川）等。	香高色艳 汤红味浓 浓厚甘醇 性温
黑茶	后发酵	①安化黑茶（湖南）；②老青砖茶（湖北）；③四川边茶（四川）等。	色泽黑褐 气味陈香 醇厚回甘 性温
普洱茶	后发酵	①生普（云南）；②熟普（云南）。	大致与黑茶相同
说明	普洱茶的归属历来有不同的说法。一种观点认为熟普属于黑茶，因为六大茶类是根据加工工艺来分的，熟普的加工工艺和品质特点均属于黑茶范畴；另一种观点认为普洱是一种特种茶，2006年制定的云南省地方行业标准里，把普洱茶定义为云南一定区域内大叶种茶制成的特种茶，不属于"六大类"里的任何一种茶。		

　　一般而言，我们可以从色、香、味、形四个方面来鉴别茶叶。色，包括茶叶外观的色泽及汤色，茶叶外观颜色以纯而有光泽为好，杂而暗为次（新茶叶外观有光泽，陈茶叶则紧缩暗软，色泽黄绿）；香，质量上等的茶叶有浓味茶香，若香味淡、无香味或有异味，则是次等茶叶；味，指茶汤的滋味，新茶汤甘醇爽口且香气浓，虽醇厚但不爽口且香味差，若或苦涩味道重、鲜甜味少，则不是上等的茶；形，指茶叶的外形，有的看茸毛多少，多者优，少者劣，有的看茶叶的条索松紧，紧者优，松者劣。

　　茶叶如果储藏不当，易发生变质、变味与陈化等不良变化。保存茶叶的容器以锡罐、陶瓷、紫砂为最佳，其次用铁罐、木盒、竹盒等。茶叶的储藏保管以干燥冷藏、避光保存最为理想。若一次购买多量茶叶，建议先小包或小罐分装，放入冰箱冷藏，每次取所需量冲泡。

陶瓷茶叶罐

【生活如诗】

喜园中茶生

唐·韦应物

洁性不可污，为饮涤尘烦；

此物信灵味，本自出山原。

聊因理郡余，率尔植荒园；

喜随众草长，得与幽人言。

赏阅：

新生的茶叶洁净美好，不可玷污，喝茶可以洗去俗尘的烦恼。茶叶汲取天地之灵气，它来自山林原野。趁着处理郡务的闲暇时间，随意在荒园种一些茶树。乐得让茶树与百草一起长大，制成新茶后，邀请几位隐士一起饮茶聊天。

此诗借茶喻人，期望通过饮茶、种茶，洗涤灵魂，获得淡泊明志、宁静致远的高雅情趣。

韦应物（约737—791），字义博，京兆万年（今陕西西安）人，唐代诗人，曾任江州刺史，官至苏州刺史，故称韦苏州、韦江州。其诗以写田园风物著名，寄情悠远，语言简淡，与柳宗元并称"韦柳"。有《韦苏州集》。

【艺海拾贝】

茶有千万状，卤莽而言，如胡人靴者蹙缩然，犎牛臆者廉襜然，浮云出山者轮菌然，轻飚拂水者涵澹然。有如陶家之子罗，膏土以水澄泚之。又如新治地者，遇暴雨流潦之所经，此皆茶之精腴。

——唐·陆羽《茶经》

赏阅：

茶的形状千姿百态，粗略地讲，有的像胡人（我国古代对北方边地及西域少数民族的称呼）的靴子，皮革皱缩着；有的像犎牛（一种野牛，也叫封牛、峰牛）的胸部，有细微的褶痕；有的像浮云飘出深山，团团盘曲；有的像轻风拂水，微波荡漾；有的像陶匠筛过的细土，再用水沉淀出的泥膏那么光滑润泽；也有的像新整的土地，被暴雨冲刷而高低不平，这些都是质量上等的茶。

【乾坤通识】

中国名茶

中国茶叶历史悠久，名茶更是其中的珍品，我国的名茶主要有西湖龙井、信阳毛尖、碧螺春、黄山毛峰、六安瓜片、都匀毛尖、君山银针、武夷岩茶、祁门红茶、安溪铁观音等。

西湖龙井　属绿茶，主要产于浙江杭州西湖龙井一带，因"色绿、香郁、味醇、形美"而闻名。西湖龙井叶片呈扁平形，色泽翠绿、光润，多用陶瓷杯或玻璃杯冲泡，水温80℃～85℃，茶汤清澈鲜绿。

信阳毛尖　属绿茶，因其独特的外形圆直有峰、白毫满披而得名毛尖，又因产于信阳，被称为信阳毛尖。信阳毛尖细、圆、光、直、多白毫、香高、味浓、汤色绿，多用玻璃杯冲泡，水温75℃～85℃，茶汤明亮清澈。

碧螺春　属绿茶，产于江苏太湖的洞庭山碧螺峰，以"形美、色艳、香浓、味醇"闻名中外。碧螺春条索紧结，卷曲成螺，满披茸毛，银绿隐翠，白毫毕显，多用白瓷杯或玻璃杯冲泡，水温70℃～80℃，茶汤碧绿清澈。

黄山毛峰　属绿茶，产于安徽黄山一带，因其鲜叶采自黄山高峰，新制茶叶"白毫披身，芽尖似峰"，故称黄山毛峰。黄山毛峰外形犹如雀舌，绿中带黄，多毫有峰，带有金黄色鱼叶，多用透明玻璃杯或白瓷茶杯冲泡，水温80℃～85℃，茶汤清碧微黄。

六安瓜片　属绿茶，产于安徽省六安地区的齐山等地，外形似瓜子，叶缘微翘，色泽宝绿，多用透明玻璃杯或白瓷茶杯冲泡，水温80℃～90℃，茶汤清澈透亮。

都匀毛尖　属绿茶，又称鱼钩茶、雀舌茶等，产于贵州省都匀市。都匀毛尖外形条索紧结、纤细、卷曲、披毫，颜色翠绿，叶底嫩绿，多用玻璃杯或白瓷盖碗冲泡，水温80℃左右，茶汤清澈，回味甘甜。

君山银针　属黄茶，产于我国湖南洞庭湖中君山岛，因形细如针而得名。君山银针的成品茶芽头壮硕，内呈金黄色，外表白毫毕显，多用耐高温的玻璃杯冲泡，水温85℃左右，茶汤橙黄明净。

武夷岩茶　属青茶，是我国乌龙茶中的极品，产于福建省北部武夷山区，外形条索壮结、匀整，叶底"绿叶镶红边"，有"甘、醇、鲜、滑"等特点。冲泡武夷岩茶，多用传热性较好的白瓷盖碗，水温在90℃～100℃间，茶汤呈深橙黄色，清澈明亮。

祁门红茶　产于我国安徽省西南部黄山支脉的祁门县一带，有"形美、色艳、香高、味醇"等特点。祁门红茶外形条索紧细，色泽乌润，冲泡后散发独特的"祁门香"。冲泡祁门红茶多用紫砂茶具、白瓷茶具或者白底红花的彩瓷茶具，用沸水冲泡，茶汤红艳明亮，馥郁持久。

安溪铁观音　乌龙茶的代表，属于半发酵的青茶，产于福建省安溪县。优质铁观音条索卷曲，紧实呈颗粒球状，叶肉肥厚，色泽鲜润，叶表带有白霜。冲泡铁观音多用盖碗，使用沸水冲泡，茶汤呈金黄色，艳丽清澈，香气持久，有"七泡有余香"的美誉。

白毫银针　原产地在福建福鼎、政和、松溪、建阳等地，属于白茶，素有茶中"美女"之称。

其外观挺直似针、满披白毫、如银似雪，汤色浅杏黄，味清鲜爽口，香气清芬。

普洱茶 产于云南省普洱、临沧、西双版纳等地区。茶汤橙黄浓厚。香气高锐持久，香型独特，滋味浓醇，经久耐泡。普洱茶有生普、熟普之分。

【知学思考】

1. 你知道哪些关于茶园的基本知识?

2. 你认为名茶具有什么样的品质特征?

3. "茶有千万状"，你认识哪些茶? 说说它们各有什么形状。

【知行合一】

1. 掌握茶园的基本知识，了解茶叶的分类、制作、鉴别与储藏，学会在自然山水的生态背景中领悟茶文化。

2. 吟诵韦应物的《喜园中茶生》，体会作者淡泊明志、宁静致远的高雅情趣。如有条件，可在房前屋后的地里种植几株茶叶，不要有太多的人工管理，让其自然生长，适时采摘制成新茶，然后请好友一起品尝，比较此茶与茶园里规模生产的茶有什么不同。

3. 选一个风和日丽的日子，结伴三五人去城郊乡下参观茶园，在茶农的指导下学着采摘茶叶，感受茶园特有的自然风光和人文况味。尝试将采摘的茶叶亲手制茶，然后将制好的茶，用传统的方式包装好，寄给远方的亲人、朋友，演绎一段以茶为媒介传递情谊的佳话。

第三课 茶具与茶席
——洗尽古今人不倦，将知醉后岂堪夸

杯在壶上

　　相传，北宋初期，有一位年轻人千里迢迢来到法门寺，寻求住持释圆大师的指点。他对住持说："我一心想学丹青，但至今都未找到一个比我画技高深的老师。"住持听了，淡然一笑说："老僧虽不懂丹青，但爱收集名家画作，劳烦施主为老僧留下一幅墨宝吧。"年轻人满是疑问，住持又解释道："老僧喜欢饮茶，尤其喜爱那些外形古朴的茶具，施主就为我画一具茶杯和茶壶吧。"年轻人欣然应允。

　　年轻人铺开宣纸，寥寥数笔，一把倾斜的茶壶和一个茶杯就跃然纸上。宣纸上，那茶壶的壶嘴正徐徐吐出一脉茶水来，并注入到了茶杯中。画作完成后，年轻人得意地问住持："大师，您对这幅画还满意吗？"住持摇头笑道："你画的不错，但是却把茶壶与茶杯的位置放错了，茶杯应该在上，茶壶应该在下啊！"年轻人听了，笑道："哪里有从茶杯往茶壶里注水的呢？"住持说："既然你也懂这个道理，那么你就应该明白，你想让丹青高手的香茗注入你的杯子，但你总是将自己的杯子放比那些茶壶还要高怎么能行呢？人只有放低自己，才能汲取别人的经验与智慧啊！"听完住持的话，年轻人恍然大悟，满怀感激地谢过大师，去寻找老师了。

【基础知识】

茶具的使用

　　正所谓"水为茶之母，器为茶之父"，茶圣陆羽在《茶经》中便精心设计了适于烹茶和品茗的20余种茶器。现代烹茶和品茗的茶具主要有以下几种：

茶水壶，用以煮开水用的泡茶辅助器具。在茶艺表演中使用较多的有紫砂提梁壶、玻璃提梁壶等。

茶桨，用于撇去浮于茶汤表面茶沫的用具，尖端用于通壶嘴。

茶夹，又称茶筷，用于烫洗杯具和将茶渣自茶壶中夹出，也可以用来挟着茶杯洗杯，防烫又卫生。

茶针，形状为细长针形的泡茶用具，用以疏通茶壶的内网，多以竹、木制成。

茶匙，一种用于将茶叶从茶罐中取出的长柄、圆头、浅口的小匙。

茶则，分盛茶叶用的器具，一般为竹制。

从左至右依次为茶夹、茶针、茶匙与茶则

茶海，也称作茶盅或公道杯，形状类似于无盖的敞口茶壶。用以盛放泡好的茶汤，沉淀茶渣，再分到各杯，使各杯茶汤浓度相若。

盖碗，由盖、碗、托三部分组成，泡饮合用的器具，可单用。茶盖、茶碗与茶托相互配合，符合"天、地、人"三才的文化意蕴（茶盖在上谓为"天"，茶托在下谓为"地"，茶碗在中谓为"人"），因此，盖碗又被称为三才杯、三才碗。

茶海

盖碗

闻香杯，用以品闻茶香的专用杯子，杯身细长而高，便于凝聚茶香。

品茗杯，即茶杯，是品茗时的重要茶具。茶杯以白底为佳，便于观察汤色。

杯托，用以承托衬垫茶杯的碟子。茶托一般与所托茶杯在质地上保持一致，体现协调美。

闻香杯　　　　　　　　　品茗杯与杯托

茶盘，用来盛放茶壶、茶杯等器具的浅底器皿，形状有方有圆，形式有抽屉式或嵌入式，选材有金、木、竹、陶等等。

水盂，用于储放茶渣和废水，多用陶瓷制作而成，也有紫砂、玉、石等。

茶盘

泡茶、饮茶时还需一些辅助茶具，如桌布、泡茶巾、茶盘、茶巾盘、奉茶盘、茶筒、消毒柜等。

茶具的材质

我国地域广阔，民族众多，不同的饮茶习俗会选择不同的茶具。根据材质的不同，茶具主要有陶土茶具、瓷器茶具、漆器茶具、玻璃茶具、金属茶具以及竹木茶具等。

1. 陶土茶具

陶土茶具中的佼佼者应属宜兴紫砂茶具，造型简练大方，色调淳朴古雅，早在北宋初期就已成为别树一帜的上等茶具。紫砂壶不同于一般的陶器，它采用当地的紫泥、红泥、团山泥抟制焙烧而成，里外均不敷釉，烧结密致，还能吸附茶汁，蕴蓄茶味。

2. 瓷器茶具

我国的茶具最早以陶器为主，瓷器发明后，陶器茶具便逐渐为瓷器茶具所代替。瓷器茶具主要有白瓷茶具、青瓷茶具与黑瓷茶具。白瓷茶具，色泽洁白，能够映衬出各种类型茶汤的色泽，且坯质致密透明，音清韵长，加之色彩缤纷，造型各异，堪称饮茶器皿中的珍品。青瓷茶具是玻璃质地的透明淡绿色青釉，瓷色纯净，质感轻薄，圆滑柔和。青瓷茶具色泽青翠，用来冲泡绿茶，更衬汤色之美，但若用来冲泡黑茶、黄茶、红茶等，则易使茶汤失去本来面目。黑瓷茶具，始于晚唐，鼎盛于宋，延续于元，衰微于明、清。宋代祝穆在《方舆胜览》中说："茶色白，入黑盏，其痕易验。"所以，宋代的黑瓷茶盏，成了瓷器茶具中的最大品种。

紫砂壶茶具

白瓷茶具

青瓷茶具

黑瓷茶具

3. 漆器茶具

漆器茶具始于清代，以北京雕漆茶具、福州脱胎茶具以及江西鄱阳等地生产的脱胎漆器茶具较为有名。其中，福州生产的漆器茶具有宝砂闪光、金丝玛瑙和釉变金丝等种类，轻巧美观，色泽光亮，耐温耐酸，具有独特的艺术魅力。

4. 玻璃茶具

玻璃质地透明，光泽夺目，用途广泛，有水晶玻璃、金星玻璃、乳浊玻璃、无色玻璃以及玉色玻璃等多种类别。用玻璃杯泡茶，茶汤色泽鲜艳，茶叶细嫩柔软，具有很高的观赏性与趣味性。

5. 金属茶具

金属茶具，是中国最古老的日用器具之一，主要由金、银、铜、铁、锡等金属材料制作而成。随着陶瓷茶具的兴起，金属茶具因"茶味走样"而逐渐弃用。

6. 竹木茶具

竹木茶具是指用竹子、木材等材料制作而成的饮茶用具。陆羽在《茶经·四之器》中开列的 28 种茶具，多数是由竹木制成。这种茶具来源广，制作方便，一直深受茶人的喜爱。

漆器茶具

金属茶具

玻璃茶具

竹木茶具

不同的茶，有不同的冲泡方法。绿茶、白茶、黄茶，宜采用自然冲泡法，用透明玻璃杯冲泡，以便观察茶汤色泽与茶叶舒展起伏的姿态。青茶、红茶、黑茶，一般采用功夫茶冲泡法，将紫砂壶与瓷杯结合使用，紫砂壶泡茶有助于提升茶的芬芳，瓷杯泡茶更能衬托深色茶汤。

茶　席

茶席，以茶具为主体，包括泡茶的操作场所、客人的坐席以及所需气氛的环境布置。茶席的高雅情调不仅能丰富人们的精神情趣，还蕴含着丰富的文化思想和礼仪习惯，可谓"一器成名只为茗，悦来客满是茶香"。

茶席

宋代，茶席常常置于自然之中，体现人与自然的和谐。一些文人还在茶席中设置花、香、字画等艺术品，品茶与插花、焚香、挂画一起被合称为"四艺"。明代冯可宾在《茶笺·茶宜》中提出品茶"十三宜"，即无事、佳客、幽坐、吟咏、挥翰、徜徉、睡起、宿醒、清供、精舍、会心、赏览、文僮。"清供"指茶席中需有清淡茶果佐饮，"精舍"指的就是茶席的布置。茶席布置有三要素，即茶具组合、照明艺术与音乐选播。

1. 茶具组合

我国古代茶具组合一般都本着"茶为君、器为臣、火为帅"的原则配置。茶具组合是摆放茶席布置最重要的部分，是实用性与艺术性的融合。首先，根据茶性与茶叶种类、产地选择茶具。不同的茶有不同的茶性，例如，青茶叶片相对粗大，可选保温性能好的紫砂壶茶具；红茶可选择容量较大的瓷壶冲泡，确保茶叶能充分舒展；绿茶可选玻璃茶具或者白瓷、青瓷茶具；黄茶宜选用奶白、黄釉瓷或者黄橙色壶杯具等。其次，根据泡茶目的选择茶具。例如，同样是冲泡大红袍，若是为了审评茶叶，要选择能够直观地审评出茶叶优劣的盖碗或审评杯；若是为了招待客人，可以选择美观实用、古朴典雅的紫砂壶。最后，根据茶艺主题内容选择茶具。即使是冲泡同一种茶，不同地区与民族的茶具也各显不同，因此，选择茶具要与茶艺主题所反映的时代、地域、身份等相一致。此外，选定好茶具后一般还要与铺垫、插花、焚香、挂画等相配合。

2. 照明艺术

布置茶席时，茶室中的灯光要与所要演示的茶艺气氛相适应。光的亮度和色调十分重要，茶室的光线应当柔和温馨，色调应当顺应季节变化（春季以明快为特色，夏季宜用冷色调，秋季以静谧为特色，冬季宜用暖色调），让人感到舒适、放松、安详、恬静。

3. 音乐选播

布置茶席时还要重视背景音乐的选播。背景音乐一般采用古典轻音乐，同时要与茶艺表演的周围环境、表演形式相一致。中式风格装修的场所，宜选播中国古典琴箫曲为宜；茶艺表演比较常见的有书法、绘画、舞蹈、太极剑等，背景音乐的选择要与表演的节目相适应。

【生活如诗】

一七令·茶

唐·元稹

茶。

香叶，嫩芽。

慕诗客，爱僧家。

碾雕白玉，罗织红纱。

铫煎黄蕊色，碗转曲尘花。

夜后邀陪明月，晨前独对朝霞。

洗尽古今人不倦，将知醉后岂堪夸。

赏阅：

茶。茶叶有清香，嫩芽形状娇美。很受诗人和僧家的喜爱。用白玉雕成的茶碾来碾茶，用红纱制成的茶筛筛分茶叶。烹茶前先在铫（煎茶器具）中煎成黄蕊色，然后承载碗中的浮饽沫（曲尘花指茶汤上面的饽沫）。夜深与明月相约相伴饮茶，早晨独自面对朝霞饮茶。古人今人都以饮茶来洗涤疲倦的身心，在酒微醉后饮茶味道和效果更好。

本诗是一首宝塔诗（杂体诗名，从一字句到七字句逐句成韵，或递两句为一韵，后有增至八字句或九字句的，每句或每两句字数依次递增，形如宝塔），读来朗朗上口，描绘了茶的形态、香味、烹茶的过程以及茶的功能，表达了作者对茶的无比喜爱之情。

元稹（779—831），字微之，洛阳（今属河南省）人，唐代文学家，曾任秘书省校书郎。元稹年少即有才名，与白居易同科及第，并结为终身诗友，二人共同倡导新乐府运动，世称"元白"，为世人留下"曾经沧海难为水，除却巫山不是云"的千古佳句。有《元氏长庆集》。

【艺海拾贝】

都篮以悉设诸器而名之。以竹篾内作三角方眼，外以双篾阔者经之，以单篾纤者缚之，递压双经作方眼，使玲珑。高一尺五寸，底阔一尺，高二寸，长二尺四寸，阔二尺。

——唐·陆羽《茶经》

赏阅：

　　都篮因为能够装下所有茶具皿器而得名。都篮用竹篾编成，内面编成三角形或方形的眼，外面用两道宽篾作为经线，一道窄篾作为纬线，交替编压在作为经线的两道宽篾上，编成方眼，使其玲珑好看。都篮高一尺五寸，底宽一尺，高二寸，长二尺四寸，阔二尺。

【乾坤通识】

中国古代名壶

　　树瘿壶　我国历史上第一把紫砂壶，是明代的供春在金沙寺学习制作紫砂壶时，根据寺旁大银杏树上的树瘿的形状制作而成。壶的表面凹凸不平，整体呈暗栗色。

　　冰心道人壶　整体呈褐色，壶身正面是一个凹进去的龛，内坐一人，壶壁刻有桃树、桃花。清末民初年间的紫砂大师程寿珍，号冰心道人，所以称此壶为冰心道人壶。

　　二泉铭壶　清末紫砂壶大家邵二泉，擅长镌壶铭。二泉铭壶整体呈土黄色，壶质古朴，壶面刻有"天朗气清，惠风和畅"。

　　雕漆四方执壶　明末清初的时大彬开创了调砂法制壶。时大彬所制的紫砂壶十分精贵，其中以雕漆四方执壶最为有名。雕漆四方执壶壶身、壶面、壶口均呈方形，壶面刻有人物、山水、花草等多种图样，刻工精细。

树瘿壶

冰心道人壶

二泉铭壶

雕漆四方执壶

【知学思考】

1. 保养茶具有哪些注意事项？
2. 为什么说茶席的设计与布置是茶的行为艺术？

【知行合一】

1. 了解茶具的名称、种类、款式、材质以及茶席布置的相关知识，尝试根据不同的人群、时间和需求选择不同的茶席主题，并根据不同的主题恰当地设置茶席。

2. 吟诵元稹的《一七令·茶》，了解诗中所描绘的茶的形态、香味、烹茶的过程以及茶的功用，体会作者对茶的喜爱之情。

3. 茶具在茶文化中是点睛之笔，在爱茶之友眼中更是一种珍爱有加的艺术品。查阅"挑选茶具"的相关资料，亲自去茶具店购置一套茶具，既用于泡茶，又可欣赏。

4. 选个风和日丽的周末，在自家露台、阳台、书房，或户外某个安静的地方，亲自布置茶席，约上家人或二三好友，在古典音乐声中一边煮茶品茶，一边吟诵茶诗，体会古代文人雅士的生活情趣。

第四课 煮茶用水
——龙井新茶龙井泉，一家风味称烹煎

王安石验水

北宋政治家王安石，年老后身患痰火之症，服用许多药物，均不见好转。于是，王安石决定听从太医的建议，饮用长江瞿塘峡水煮烹的阳羡茶一试。恰巧当时苏轼要回四川老家探亲，王安石便委托他返京时带上一瓮峡水来。

一日，苏轼亲自把峡水送到王安石府邸。王安石拿到峡水后，取一撮阳羡茶，将煮好的峡水注满杯子，茶色显示出来。王安石问道："此水从何处取来？"苏轼说："瞿塘峡。"王安石又问："是中峡吗？"苏轼微微一笑没回答。王安石笑道："我觉得这是下峡之水。"苏轼一惊，便如实相告。原来，苏轼携带家眷乘船顺长江而下，途中被三峡的迷人风景所吸引，一时竟忘了王安石的委托。等他想起时，大船已到下峡。由于长江水流湍急，回溯困难，只能取下峡之水。

苏轼笑问王安石："三峡之水相连，都是一般样的水，您是如何辨别的呢？"王安石答道："读书人须细心观察。《水经注》中提到，上峡水性急，下峡缓，唯有中峡缓急相半。太医告知老夫中脘变症，所以要用中峡之水引经。三水烹煮阳羡茶，上峡水味浓，下峡水味淡，唯有中峡水刚好在浓淡之间。你带给我的峡水，煮完茶后，茶色以半晌方显，所以知道是下峡之水。"苏轼听后大为折服，连称"妙哉，妙哉！"

【基础知识】

品茗用水

"水者，茶之体"，古人品茗，必到野外，寻好泉，找好茶。陆羽在《茶经》

中提到："其水用山水上，江水中，井水下"，这也成为千百年来人们品茗用水遵循的定律。宋代王安石认为"水甘茶串香"。明代张大复在《梅花曹堂笔谈》中写道："茶性必发于水，八分之茶，遇十分之水，茶亦十分矣；八分之水，试十分之茶，茶只八分耳。"明代许次纾在《茶疏》中也指出："精茗蕴香，借水而发，无水不可与论茶也。"清代袁枚总结说："欲制好茶，先藏好水。"由此可见，佳茗须有好水配，方能相得益彰。

从古至今，品茗用水极为讲究，古人选水以"清、轻、甘、活、冽"为标准。清，指水质要清，要"澄之无垢、挠之不浊"；活，指水源要活，即要用流动的水（山泉为最佳）；轻，指水体要轻，用软水（每毫升水中钙镁离子少于8毫克的水为软水）泡茶，色、香、味俱佳；甘，水味要甘，"味美者曰甘泉，气芬者曰香泉"，水含在口中，舌尖有甜味，咽下后，喉间有甜爽的回味；冽，指水含口中有清冷感。

品茗用水有天水与地水之分。古人用于泡茶的雨水与雪水统称为天水。雨水与雪水比较纯净，历来就被爱茶之人用来煮茶，尤其是雪水，备受古代文人与茶人的喜爱。地水主要包括山泉以及溪、江河、湖泊、海洋、池塘、井里的水等。泡茶以山上的泉水为最佳，山泉水水质清净晶莹，能最直接体现茶叶与茶汤的色、香、味。江、河、湖水属于地表水，含杂质较多，一般来说很难泡出好茶，但如在远离人烟且植被茂盛之地取的溪水、江水，也不失为泡茶的好水。井水属地下水，易受到周围环境的污染，用来泡茶，有损茶味，但若能取得活水井的水，也同样能泡出好茶。自来水中含氯，直接用来泡茶会有损茶汤的味道，所以以用自来水泡茶，需要先过滤，等氯气自然挥发后再煮沸泡茶。纯净水泡茶，净度好，透明度高，茶汤晶莹透澈，香气纯正。

古人称沸腾过久的水为"水老"，称未沸腾的水为"水嫩"。水沸腾过久，其中的二氧化碳已挥发殆尽，用来泡茶，茶汤的鲜爽味会减弱，而用未沸滚的水来泡茶，茶中的有效成分不易泡出，茶的香味就会变淡。同样，泡茶时的水温高低，取决于所泡茶的类型。冲泡较嫩的绿茶，温度在80℃左右最佳；泡花茶、红茶等以90℃的水温为宜；泡青茶、黄茶等，水温需95℃以上；泡普洱茶可以100℃。需要注意的是，无论用什么温度的水泡茶，都应将水烧开至100℃之后，再冷却至泡茶所需要的温度。

【生活如诗】

坐龙井上烹茶偶成

清·爱新觉罗·弘历

龙井新茶龙井泉，一家风味称烹煎。
寸芽生自烂石上，时节焙成谷雨前。
何必团凤夸御茗，聊因雀舌润心莲。
呼之欲出辨才在，笑我依然文字禅。

赏阅：

用杭州龙井泉水烹煎、冲泡新的龙井茶，别有一番风味。茶芽生于岩石风化而成的土壤上，谷雨前采摘，烘焙成品质特佳的龙井茶。眼前有雀舌般的绿茶，又何必去夸赞宋代宫廷里"龙团""凤饼"那些御茶呢。此时此刻辨才禅师（龙井茶因宋代辨才禅师在龙泓亭点茶而名扬四海）在脑海中闪现，自然会笑我饮茶赋诗，玩起了文字禅。

乾隆皇帝喜好游山玩水，特别嗜好品茶，尝遍天下名茶，品鉴过诸多名泉，是一位鉴水大家。这首茶诗是乾隆巡视江南期间，在杭州西子湖畔品味龙井茶时的即兴之作。

爱新觉罗·弘历（1736—1795），即清高宗，清代第六位皇帝，年号"乾隆"。乾隆在位期间，清朝达到了"康乾盛世"的最高峰。他文治武功，平定边疆地区叛乱，维护了国家统一；重视社会稳定，减轻农民负担，兴修水利，大力发展农业生产；亲自倡导并指派名臣纪昀编制约8亿文字的大型文献丛书《四库全书》，为后代学者提供了较完整的文献资料。

【艺海拾贝】

其沸，如鱼目，微有声，为一沸；缘边如涌泉连珠，为二沸；腾波鼓浪，为三沸。已上，水老不可食也。

——唐·陆羽《茶经》

赏阅：

水初沸时，水泡慢慢冒出，像鱼的眼睛，有轻微的响声，这是"一沸"；锅边缘的泡，像连珠般往上冒，这是"二沸"；水波急骤地翻腾，这是"三沸"。再继续煮，水就会变老，不再适合饮用了。

【乾坤通识】

中国四大名泉

趵突泉　趵突泉位于山东省济南市，又名槛泉，旧称泺，三股泉水成一线紧密排列，齐声迸发，声势浩大。泉水来源于地下石灰岩溶洞，清澈甘美，含菌量低，是十分理想的煮茶用水。相传，乾隆皇帝下江南时尝到趵突泉水，立即舍弃了从京城带来的玉泉水，从此改带趵突泉水，并御笔亲题"第一泉"。

中泠泉　中泠泉位于江苏省镇江金山以西的石弹山下，又名中零泉、中濡泉。中泠泉泉水清香甘洌，陆羽将其列为天下饮水中第一，唐代名士刘伯刍在品尝过全国各地的煮茶用水后，把适宜泡茶的水分为七等，称"扬子江南零水第一"，"南零水"指的就是中泠泉。

惠山泉 　惠山泉位于江苏省无锡市西郊惠山山麓锡惠公园内。惠山泉分上、中、下三池，上池水质甘冽可口，中池水质较差，下池实为鱼池。惠山泉为山水，甘而质轻，适宜煎茶。最早称此泉为"二泉"的是陆羽，《茶经》中品定天下水为二十种，以惠山泉为第二，故又名"陆子泉"。元代书法家赵孟頫为惠山泉书写了"天下第二泉"五个大字，至今保存完好。

虎跑泉 　虎跑泉位于浙江省杭州市西南大慈山白鹤峰下慧禅寺（俗称虎跑寺）侧院内。虎跑泉水从砂岩、石英沙岩中渗过流出，清澈见底，甘冽醇厚，纯净无菌。杭州有句俗话："龙井茶叶虎跑水"，用虎跑水泡西湖龙井茶被称作"西湖双绝"。乾隆皇帝曾品评天下名泉，虎跑泉被其誉为"天下第三泉"。

【知学思考】

1. 品茶与用水有什么关系？查阅资料，了解我国有哪些名泉以及它们各自的特征，并说说古代文人是怎样描述这些泉水的。

2. 泡茶除了要有好水之外，还要掌握水温，请说说冲泡西湖龙井、白牡丹、君山银针、武夷岩茶、祁门红茶、普洱茶六款茶的不同水温。

【知行合一】

1. 了解品茶与用水的关系，选择自己所在地的天然好水煮茶给家人、朋友品尝。

2. 吟诵爱新觉罗·弘历的《坐龙井上烹茶偶成》，体会其喝龙井茶时感受到的独特风味。如有闲暇到杭州小住几日，抽时间去龙井村品尝一杯用龙井泉水泡的龙井茶，感悟"雀舌润心莲"的禅境。

3. 古人论水，提出水要"清""轻""甘""活""冽"。查阅相关资料，理解"清""轻""甘""活""冽"的具体内涵。

第五课　茶人

——戏作小诗君勿笑，从来佳茗似佳人

陆羽品茶

陆羽一生嗜茶，对烹茶煮水、茶水的品鉴也十分精到。相传，唐代宗时期，陆羽南下，一路考察各地的茶叶，并品鉴了很多煮茶用的泉水。

有一天，陆羽正在扬子江畔考察扬子江水，刺史李季卿听闻后特意前去会见陆羽。李季卿对陆羽说："陆君品茶，天下闻名，而用扬子江中心的南零水泡茶甚好，这真是千载难逢的机会啊！"说完，便遣军士驾船前往江中取南零水。陆羽遂把茶具摆放好，静待水来。不一会，水送到了。陆羽开始用军士带来的水煮茶，煮完品尝了一口，连连摇头说："这水不是正宗的南零水，而是扬子江岸边的水。"军士大惊，急忙磕头认罪说："我从南零取水回来时，在岸边因船身晃荡不小心把水洒了一半，我怕不够用，便舀了一些岸边的江水加满，不想您鉴水如此精确！"

李季卿再次派遣军士取回水后，陆羽继续用其煮茶，茶汤甘甜醇厚，经煮后品鉴，最终确定这才是扬子江中心的南零水。军士满是疑问，问道："您是如何分辨的呢？"陆羽笑答道："用扬子江岸边的水煮茶，茶汤较苦涩，而用扬子江中心的南零水煮茶，茶汤味甜醇爽。"李季卿等人听后十分钦佩，随后，陆羽品茶鉴水的故事也很快流传开来。

【基础知识】

茶　人

凡是爱茶、惜茶、会茶艺、懂茶道以及从事茶叶种植、采制、生产的人都可称之为"茶人"。历史上最著名的的茶人莫过于唐代的陆羽了。

　　陆羽一生富有传奇色彩，约两三岁时，被竟陵龙盖寺智积禅师拾得，在寺期间，他学会识字、烹茶。十二岁时，逃出龙盖寺，到一个戏班里学演戏。唐天宝五年（746），在一次就餐中得到竟陵太守李齐物的赏识，被推荐到隐居在火门山的邹夫子那里学习。天宝十一年（752），陆羽告别邹夫子下山，与崔国辅相识，两人时常相伴出游，品茶鉴水，谈论诗文。两年后，他为考察茶事出游，一路上，逢山驻马采茶，遇泉下鞍品水。唐肃宗乾元元年（758），他来到升州（今江苏南京），寄居栖霞寺，钻研茶事。后来，他隐居苕溪（今浙江湖州、杭州荆山一带），闭门著述《茶经》。

　　《茶经》约成于780年，分为3卷，7000余字，"一之源"，叙述茶的起源、性状、名称、品质、栽植和功效；"二之具"，介绍当时采茶、制茶工具；"三之造"，论述茶的加工和种类；"四之器"，列举当时煮茶、饮茶器具20余种；"五之煮"，论述烹茶方法和水质等级；"六之饮"，为饮茶的风俗、方式；"七之事"，是古代文献中有关茶的掌故；"八之出"，说明当时产茶地区及其品质高低；"九之略"，指出在什么情况下茶具、茶器可以省略；"十之图"，则教人用绢书写本书所述，便于悬挂，以广流传。

【生活如诗】

次韵曹辅寄壑源试焙新茶

北宋·苏轼

仙山灵草湿行云，洗遍香肌粉未匀。
明月来投玉川子，清风吹破武林春。
要知冰雪心肠好，不是膏油首面新。
戏作小诗君勿笑，从来佳茗似佳人。

赏阅：

　　犹如仙境般的茶山，流动着的云雾滋润了灵草般的茶叶。山里的云雾和雨露，洗遍了嫩嫩的香肌（茶芽）。好友曹辅把壑源出产的上等团茶寄给我（作者自喻是茶仙"玉川子"卢仝），品尝新茶的滋味，顿觉清新的春风吹到了武林（旧时杭州的别称）了。要知道这款冰清玉洁的茶叶内质高贵，如同纯朴的女子不用任何油膏以妆扮面相。我随性作小诗一首，请千万不要见笑，实在是因为自古好茶犹如优雅的淑女，让人赏心悦目啊。

　　作者通过独特的审美与感受，用拟人的手法写出了茶的独特之美，"从来佳茗似佳人"一句也成为后人品评佳茗的最好诠释。

　　苏轼（1037—1101），字子瞻，号东坡居士，世称苏东坡，眉州眉山（今属四川省）人，北宋文学家、书法家、画家，曾任翰林侍读学士、礼部尚书等职。苏轼诗、词、散文、书、画等方面造诣都极高。他的诗题材广阔，清新豪健，独具风格，与黄庭坚并称"苏黄"；其词开豪放一派，与辛弃疾并称"苏辛"；其散文豪放自如，与欧阳修并称"欧苏"，为"唐宋八大家"之一；其书法淳古道劲，体度庄安，神气横溢，为"宋四家"之一；其画萧散简远，古雅淡泊。有《东坡七集》等。

【艺海拾贝】

茶之妙，在乎始造之精，藏之得法，点之得宜。优劣定乎始锅，清浊系乎末火。

——明·张源《茶录》

赏阅：

茶叶的精妙，在于开始制作时要做到精益求精，收藏要有正确的方法，冲泡时方法要适当。茶叶的优劣，在开始炒制时就已经决定了，而茶汤的清浊则取决于最后烘焙时火候的把握。

张源（生卒年不详），字伯渊，号樵海山人，包山（即洞庭西山，今江苏震泽）人，生活在明万历年间。有《茶录》。

【乾坤通识】

古代著名茶人

历史上著名的茶人除茶圣陆羽外，还有诗人白居易、茶仙卢仝、茶学家蔡襄、大文豪苏轼、茶帝宋徽宗等。

白居易 白居易一生与茶相伴，不仅爱饮茶，还善于辨茶，被朋友称为"别茶人"。他还喜欢亲自种茶，同时也是制茶高手。《白居易传》记载，白居易曾以自家秘制茶款待同僚，满堂皆赞其香茗曰："乐天此茶，文可降燥，武可清火，朝堂六班，无不相宜。"从此，人们把他秘制的香茶称为"六班茶"。白居易还喜欢用茶诗抒发情怀，他的存诗中叙及茶事、茶趣的就有50多首。

卢仝 卢仝饮茶成瘾，悟得茶中三昧，其《七碗茶诗》（又名《走笔谢孟谏议寄新茶》）最为脍炙人口，在日本也广为传颂，并演变为"喉吻润、破孤闷、搜枯肠、发轻汗、肌骨清、通仙灵、清风生"的日本茶道。卢仝还著有《茶谱》，被世人尊称为"茶仙"。

蔡襄 蔡襄从改造北苑茶的品质花色入手，将大龙团改为小龙团，提出"名益新、品益出"的技术革新标准，使福建茶叶在北宋时名列首位。蔡襄的《茶录》是有感于陆羽《茶经》"不第建安之品"而特地向皇帝推荐北苑贡茶而撰写，分上下两篇，上篇论茶，下篇论茶器。

苏轼 苏轼一生嗜茶，他写诗作文、写字画画要喝茶，会友赏月更要喝茶，还热心于钻研采茶、制茶、烹茶、点茶，对茶具、烹茶用水、茶史等也有研究，也为后人留下了许多脍炙人口的咏茶佳作。

赵佶 宋徽宗赵佶不仅喜欢饮茶，还经常品茶赋诗、钻研茶学。他借鉴督制北苑贡茶大臣的报告与历代茶学著作，结合自己对建茶的感性认识，著成《大观茶论》一书，详细记述了北宋时期的蒸青团茶的产地、采制、烹试、点茶、品质、斗茶风尚等内容，对点茶技艺的叙述颇为详尽。

【知学思考】

1. 陆羽为什么会被尊为"茶圣"？他对中国茶文化的传播有什么贡献？

2. 你还知道哪些著名的茶人？分别谈谈他们的品茶趣事或对茶文化的历史贡献。

【知行合一】

1. 了解本课所学的"茶人"，学习他们积极的生活态度和精神境界。

2. 吟诵苏轼的《次韵曹辅寄壑源试焙新茶》，深刻领悟"从来佳茗似佳人"的内涵，说说"佳茗"与"佳人"的内在联系。

3. 在我国历史上，很多人为茶痴迷，查阅资料了解"八大茶痴"，与朋友分享那些有趣的故事。

第六课　茶艺

——活水还须活火烹，自临钓石取深清

云林绝俗

倪瓒，字元镇，号云林子，是元末明初的画家、诗人。倪瓒家族是吴中有名的富户，他一生不做官，以清雅出名，喜爱饮茶，更喜欢自己调制茶点。

有一次，倪瓒在惠山用核桃、松子肉与米粉等做成了一块块像小石子一样的点心，放在茶汤里，味道极好，并把它命名为"清泉白石茶"。

宋代宗室赵行恕一向倾慕倪瓒清雅风致的品性。一天，赵行恕特意前去拜访倪瓒，坐定之后，倪瓒让童子奉上一盅自己亲自调制的"清泉白石茶"。赵行恕品尝之后，还是无动于衷地像平常一样边吃边喝，并没有品出此茶的妙处。倪瓒对赵行恕不以为然的样子有些恼怒，指责说："我敬你是宋家王孙，所以特拿出此茶让你品尝，谁知你竟不知风味，真是个俗人啊。"此后，倪瓒再也不与赵行恕来往了。

【基础知识】

茶艺流程

茶艺是一种烹茶饮茶的生活艺术，一种以茶为美的生活礼仪，一种以茶修身养性的生活方式。茶艺有净手与欣赏茶器具、温具、置茶、洗茶、冲泡、奉茶、品饮、续杯、收具以及净具等十道流程。

1. 净手与欣赏茶器具

茶艺第一道流程便是净手与欣赏茶器具。净手不仅是卫生所需，也是对茶的尊重，之后才是欣赏茶器具。

欣赏茶器具

2. 温具

温具就是用热水冲淋茶壶，包括壶嘴、壶盖，同时烫淋茶杯，使每个茶具内壁湿润，然后将沸水倒掉，将茶壶、茶杯沥干。温具不仅可以杀菌，还可以为茶具预热，使茶叶冲泡后温度相对稳定，这对于较粗老茶叶的冲泡，尤为重要。

3. 置茶

按照茶壶或茶杯的大小，用茶勺将茶盒中的茶叶投入茶壶中，然后往茶具中倒入少许沸水，以没过茶叶为宜。茶叶充分浸润，可以更好地促发茶香。如果用盖碗泡茶，泡好后可直接饮用，也可将茶汤倒入杯中饮用。

温具

置茶

4. 洗茶

将沸水倒入壶中，让水与茶叶适当接触后再迅速倒出，以便去掉茶叶表面的不清洁物质。上等茶叶，按照个人喜好可洗可不洗，因为茶叶第一泡中往往含有较多的维生素，但是像普洱等后发酵茶，应进行洗茶。

5. 冲泡

右手提壶，把沸水注入茶壶或茶杯里。若是使用茶杯直接冲泡，水量则以七八分满为宜。俗语说："茶倒七分满，留下三分情"，故有浅茶满酒、茶满欺客之说。

洗茶

冲泡

6. 奉茶

茶冲泡好之后，双手依次端给客人，并伸手行礼，邀请宾客品茶。奉茶时，主人要面带笑容，最好用茶盘托着递给客人。若直接用茶杯奉茶，应手指并拢伸出。若左手边奉茶，则左手端杯，右手做请的姿势；若右手边奉茶，则右手端杯，左手作请的姿势。此外，奉茶时还要注意先长后幼、先客后主。

7. 品饮

品饮前，可以请客人先闻香、赏茶，感受沁人心脾的茶香，欣赏茶叶在茶杯中的沉浮。然后再细细品尝，小口品啜，感受茶汤的醇厚回甘。

奉茶

品饮

8. 续杯

当客人茶杯里的茶汤只剩三分之一时，就要及时为其续杯。续杯时，温度以 80℃ 左右为佳，一般续杯二三次就已足够，若还继续饮茶就要重新冲泡。

9. 收具

喝完茶，将喝过的茶叶倒掉，按照先用后收回的顺序把茶具一一收回，清洗干净，摆放整齐。

10. 净具

每次泡完茶，都要将茶具清洗干净。先冲洗茶渣，然后用清水反复清洗，最后再用热水冲烫消毒（透明的茶杯还需将水渍擦干），放到通风干燥的地方，以备下次使用。

续杯

净具

【生活如诗】

汲江煎茶

北宋·苏轼

活水还须活火烹，自临钓石取深清。
大瓢贮月归春瓮，小杓分江入夜瓶。
雪乳已翻煎处脚，松风忽作泻时声。
枯肠未易禁三碗，坐听荒城长短更。

赏阅：

　　用流动的水还必须用猛火来煮茶，我亲自提着水桶，到江边的垂钓石上汲取深江中的清水。用大瓢舀水，好像把映在水中的明月也舀到了瓢里，一起提回来倒进水瓮里，再用小水杓把江水舀入煎茶的陶瓶里。煮开了，茶汤上面的乳白色浮沫随着煎得翻转的茶脚漂了上来。斟茶时，茶水注入茶碗中，声音像风吹过松林飕飕作响。可喝完三碗茶还是未能改变"枯肠"让文思泉涌（卢仝《七碗茶诗》中提到"三碗搜枯肠"，此反用其意），我静静地坐在这夜色里只听到海南边城里传来长短相兼的打更声。

　　本诗生动地描写了汲水、舀水、煮茶、斟茶、喝茶以及听更声的全过程，通过这些细节描写，表现了作者被贬儋州后的寂寞无聊却高蹈雅致的生活况味。

【艺海拾贝】

钞茶一钱七，先注汤，调令极匀，又添注，入环回击拂。汤上盏可四分则止，视其面色鲜白，着盏无水痕为绝佳。

——北宋·蔡襄《茶录》

赏阅：

点茶，用茶匙取一钱七分的茶末放入茶杯，先加入热水，调制均匀，再四周旋转增添热水，并用茶筅拍击、拂动、调搅，使之产生沫浡。注水达到茶杯的十分之四时停止，这时如果茶色鲜明洁白，接触茶杯边沿却没有留下茶水的痕迹最为上等。

蔡襄（1012—1067），字君谟，兴化仙游（今属福建省）人，北宋书法家、政治家、茶学家，曾任翰林学士、端明殿学士等职。蔡襄诗文清妙，书法浑厚端庄，与苏轼、黄庭坚、米芾并称"宋四家"。有《蔡忠惠公全集》《茶录》。

【乾坤通识】

茶　点

《晋中兴书》中记载："安既至，纳所设唯茶果而已。"这是"茶果"一词的最早记载。古代的茶点一般来说有点心、水果、干果三类。茶点配饮茶，唐代时开始盛行。唐代茶宴中的茶点极为丰富，如九江茶饼、粽子、饼类、胡食、消灵炙、小天酥等等。在宋代时，茶点已经开始出现在各种大小茶饮场合及宴会中。明代茶点力追唐代，茶馆里的茶点品种繁多，务实而富有创意。清代达到鼎盛，茶馆林立，蔚为大观。

现代茶点主要有干果、鲜果、糖果、中式点心与西点等五大类。干果类茶点有花生、栗子、松仁、开心果等，鲜果类茶点有橙子、苹果、香蕉、猕猴桃等，糖果类茶点有花生糖、软糖、酥糖等，中式点心类茶点有包子、粽子、茶叶蛋等，西点有蛋糕、曲奇饼、吐司等。随着地区差异与季节的变化，茶的内质也有所改变，因此茶点也得依节气、时间的不同而有所改变，春天的茶点要多一些艳色，夏天的茶点要清淡，秋天的茶点要素雅，冬天的茶点味道要稍重。茶点的颜色、种类、数量宜少不宜多。

【知学思考】

1. 茶有哪些冲泡技巧？
2. 宋代点茶法有哪几个环节？

【知行合一】

1.掌握茶艺的流程，如有时间，给自己沏上一壶茶慢慢享用，以消除工作的疲劳和心里的烦躁。

2.吟诵苏轼的《汲江煎茶》，体会作者被贬后寂寞无聊却高蹈雅致的生活况味，感悟其身处逆境仍坚持审美生存的人生境界。

3.如果有条件，去茶艺馆欣赏专业茶艺师泡茶。回家后，根据茶艺流程，为家人泡茶，全家人一道品茶，体会中国茶文化的精妙，感受生活美学所带来的愉悦之情。

第七课　品茶

——今宵更有湘江月，照出菲菲满碗花

铁崖梦茶

杨维桢，元代书法家，字廉夫，号铁崖道人，因善吹笛，自称铁笛道人。杨维桢嗜茶如命，一年冬天，他读书至深夜，茶兴大发，唤来书童，让其从后山取来白莲泉水煮茶。杨维桢从茶囊中取出一种叫凌霄芽的茶叶，让书童烹煮，他在一旁观赏，闻着茶香，借以放松伏案之倦。

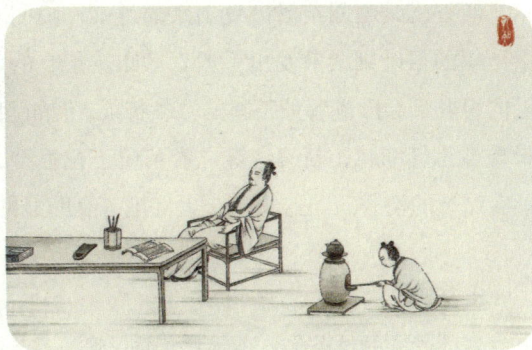

随着竹炉火温的升高与渐渐响起的煮茶汤声，杨维桢似乎感觉身轻如燕，飘然欲仙，恍惚间来到一个名叫"清真银辉"的堂上，垂地的香云帘，精致的紫桂榻，仙气缭绕。杨维桢不知不觉吟唱道："道无形兮兆无声，妙无心兮一以贞……"忽然间来了一群仙子，其中有一位绿衣仙子，手捧太元杯，杯中盛着"太清神明之醴"，将其奉给杨维桢，称此汤能延年益寿。杨维桢喝下之后作词赠曰："心不行，神不行，无而为，万化清。"绿衣仙子也作歌回赠："道可受兮不可传，天无形兮四时以言。妙乎天兮天天之先。天天之先复何仙。"唱完，祥云消退，仙子飘然而去。杨维桢忽然醒来，才发现是一个梦，窗外月光皎洁，耳畔书童在喊他："公子，凌霄芽熟了。"后来，杨维桢专门写了《煮茶梦记》来纪念这个神奇的梦境。

【基础知识】

品　茶

饮茶，就是品味一种文化。品茶是为了追求精神上的满足，重在意境。一般而言，品茶主要包括观色、闻香与品味。

1. 观色

观色主要是观察茶汤颜色与茶叶形态。不同种类的茶叶泡出的茶汤有不同的颜色，即使同类茶叶也有不同颜色的茶汤。例如，绿茶汤色有嫩绿、翠绿、黄绿之分，其中嫩绿、翠绿为上等，黄绿为下等。茶叶的形状也各有千秋，一些名优绿茶嫩度高，芽叶成朵，茶叶在茶汤中姿态多样。此外，还要观察茶汤的明亮度，以清澈明亮为优，以灰暗、浑浊为劣。

2. 闻香

闻香就是嗅闻茶汤散发出来的香气，嗅闻茶香需细心认真。质量上等的茶叶闻之沁人心脾，质量下等的茶叶则会散发出一股青草味。茶叶的香气由多种芳香物质组成，不同芳香物质的种类与数量的组合又会形成各种茶类的香气特征。例如，绿茶有清香型与嫩香型。清香型香气清纯，香气持久；嫩香型香气细腻，新鲜悦鼻。青茶属于花香型，散发出各种类似鲜花的香气，但有些发酵的青茶也具有绿茶的清香，与铁观音、大红袍等有明显的区别。

3. 品味

品茶既要品饮茶汤，还要嗅茶香。嗅茶香先是干嗅，也就是嗅未冲泡的干茶叶。茶香可分为甜香、焦香与清香等。茶叶一经冲泡，香味便会从茶水中散发出来，此时便可闻茶汤香了。品茶的茶具有茶海、茶盘、茶托、茶针、茶匙、茶夹、品茗杯、闻香杯等20余种，其中闻香杯专供闻香使用。闻香之后，用拇指和食指握住品茗杯的杯沿，中指托着杯底，分三次细细品啜茶水，这便是品茗。

闻香

品茗拿杯手势

【生活如诗】

尝 茶

唐·刘禹锡

生拍芳丛鹰觜芽，老郎封寄谪仙家。

今宵更有湘江月，照出霏霏满碗花。

赏阅：

清晨，在云雾环绕的后山上采摘如鹰嘴般的嫩茶芽（鹰觜芽，唐代白茶的一种，因叶片形如鹰嘴而得名），老友将新制成的上好茶封存好寄给谪贬在家的我。今夜湘江的月色很好，我在月下品尝远方寄来的新茶，月光流泻在茶碗里，茶汤里的茶叶绽放如花一般美。

本诗写出了采茶、寄茶与饮茶三种场景，描述了在作者仕途受挫、穷困潦倒时老朋友不离不弃、交往如故的友情，表达了对弥足珍贵的友情无比珍惜的心理感受。

刘禹锡（772—842），字梦得，洛阳（今河南洛阳东）人，唐代文学家、哲学家，曾任礼部郎中、苏州刺史、太子宾客等职。刘禹锡诗文俱佳，涉猎题材广泛，有"诗豪"之称。有《刘宾客集》。

【艺海拾贝】

夫茶以味为上。香甘重滑，为味之全。惟北苑壑源之品兼之。其味醇而乏风骨者，蒸压太过也。

——北宋·赵佶《大观茶论》

赏阅：

茶以味道最为重要。香、甘、重、滑俱佳，才是全面完美的味道。只有北苑、壑源的茶叶兼具这些特点。味道醇厚但缺乏刚健遒劲的特征，是因为制茶时蒸压太过了。

赵佶（1082—1135），即宋徽宗，其诗、书、画皆有很高的造诣，对茶也很有研究，亲著《大观茶论》，对宋代茶叶生产过程、茶具与斗茶艺术均有详细记载。

【乾坤通识】

茶 礼

我国素有礼仪之邦的传统美誉，自古就有客来敬茶、以茶待客的传统礼俗。茶文化的精神内涵在沏茶、赏茶、闻茶、饮茶、品茶的过程中体现出来，是一种具有鲜明中国文化特征的礼节。

装扮要求 若是女性，应将头发盘起，以免散落的头发落到脸上影响操作。妆容应清新淡雅，切忌浓妆艳抹、佩戴夸张首饰，更不可喷抹香水、涂指甲油等。穿着应整洁大方、自然得体。

动作要求 放取茶器具，手要轻，动作要连贯。在注水、斟茶、温杯、烫杯等时应单手回旋，右手按逆时针方向，左手按顺时针方向，以表示对客人的欢迎，反之，则有驱赶客人的意思。

姿态要求 走姿，女性行走时脚步应成一条直线，上身保持平衡，双手虎口交叉，右手搭在左手上，提放于腹前；男性行走时双臂可随两腿的移动作小幅度自由摆动。站姿，女性应将双手虎口交叉，右手贴在左手上，并置于上腹前；男性同样要双手虎口交叉，但要将左手贴在右手上，置于上腹前，而双脚可呈外八字稍作分开。坐姿，冲泡者应坐满椅子的二分之一或三分之二，身体重心居中，保持平稳，同时双腿并拢，上身挺直。

奉茶礼仪 奉茶时，右手持杯，左手托杯底，杯耳朝向客人，且眼睛注视对方，面带微笑。如果有茶点，应放在客人的右前方，茶杯摆在茶点右边。奉茶一般先客后主，先女后男，先长后幼。

【知学思考】

1. 谈谈你对品茶艺术的理解。
2. 谈谈你对"夫茶以味为上。香甘重滑，为味之全"的理解。

【知行合一】

1. 掌握品饮要义，并将学到的品饮知识运用到实际生活中。

2. 吟诵刘禹锡的《尝茶》，感悟作者潦倒穷困时与友人弥足珍贵的友情。选择一个圆月当空的夜晚，一家人或约上一二知己，在露台摆上茶席，泡茶品茗，观察月光下的茶汤，领悟"今宵更有湘江月，照出菲菲满碗花"的诗境。

3. 查阅资料，了解不同茶类茶叶的形态与茶汤颜色，学会通过观察茶汤颜色辨别茶的好坏。

4. 我国地大物博，民族众多，因地理环境、生活风俗等因素的影响，各民族的饮茶习俗也各不相同，却都将饮茶视为修身养性、增进友情的方式与纽带。查阅资料，了解各民族的饮茶风俗，如汉族的清饮、蒙古族的咸奶茶、白族的三道茶等等。

第八课　茶与文学

——休对故人思故国，且将新火试新茶

谦师得茶三昧

北宋元祐四年（1089），苏轼到杭州任知州。这年十二月的一天，他到西湖北山葛岭的寿星寺游览。当时，南屏山净慈寺的谦师得知苏轼爱茶，便特地赶往寿星寺，亲自为他点茶。苏轼早就听闻谦师点茶有道，品饮后，更觉得他的茶艺水平高超深厚，于是当场为谦师作诗《送南屏谦师》以记此事，诗曰："道人晓出南屏山，来试点茶三昧手。忽惊午盏兔毛斑，打作春瓮鹅儿酒。天台乳花世不见，玉川风腋今安有。先生有意续茶经，会使老谦名不朽。"谦师治茶很独特，但他却说："烹茶之事，得之于心，应之于手，非可言传学到者。"

因大文豪苏轼《送南屏谦师》诗中有"点茶三昧手"的诗句，人们都称谦师为"点茶三昧手"，其点茶的名气越来越大。从此，"三昧手"便成了茶艺水平高超者的代名词。

【基础知识】

茶与诗词、辞赋、散文、小说

随着文人雅士饮茶之风的兴起，与茶事有关的诗词、曲赋、散文、小说等也随之产生，可谓是琳琅满目。

1. 茶与诗词

茶入诗开始于先秦时期。中国第一部诗集《诗经》，有七首诗写到了茶。我国现存最早的茶诗应是晋代左思的《娇女诗》，"止为茶舛据，吹嘘对鼎立"生动地描写了两位幼女烹煮香茗的娇憨姿态。

　　唐代饮茶之风盛行，出现了大量的饮茶诗，以五言诗、宝塔诗、唱和诗、联句诗最为突出。李白《答族侄僧中孚赠玉泉仙人掌茶》中的"茗生此中石，玉泉流不歇。根柯洒芳津，采服润肌骨"，盛赞了仙人掌茶的养生功效。杜甫《重过何氏五首》中"落日平台上，春风啜茗时"的诗句，潇洒闲适中又透着岁月沧桑、人生易逝的叹息。白居易《琴茶》中："自抛官后春多醉，不读书来老更闲。琴里知闻唯渌水，茶中故旧是蒙山"，写出了自己年老辞官居家与琴茶为伴而自得其乐的生活况味。元稹的宝塔诗《一七令·茶》，反映了人们对茶的喜爱以及当时的饮茶情景与习俗，广为吟诵。在数以千计的茶诗中，数皮日休与陆龟蒙的唱和诗别具一格，两人写有《茶中杂咏》各十首唱和诗，对茶史、茶乡风情、茶具与煮茶等均有详细的描述。陆羽的《六羡歌》："不羡黄金垒，不羡白玉杯，不羡朝入省，不羡暮入台，千羡万羡西江水，曾向竟陵城下来"，表达了陆羽不羡荣华富贵，余生难忘故乡竟陵江水的情怀。唐代僧人皎然与陆羽交往甚密，他不仅经常陪陆羽饮茶，还写了许多茶诗，《九日与陆处士羽饮茶》中"九日山僧院，东篱菊也黄。俗人多泛酒，谁解助茶香"的诗句，描述了在深秋的季节里他与陆羽在僧院里饮茶的情境。

　　宋代茶诗、茶词颇丰，文人雅士经常聚在一起烹泉煮茶，除茶诗外还出现了茶词。许多诗词中都有提到当时的名茶，如欧阳修《双井茶》中的"西江水清江石老，石上生茶如凤爪。穷腊不寒春气早，双井芽生先百草"，说的就是产于江西省修水县的双井茶。宋代赐茶之风盛行，收到皇帝恩赐茶叶的大臣要作文谢恩，称为"谢茶表"，如蔡襄《北苑茶》中的"特旨留丹禁，殊恩赐近臣"，梅尧臣《七宝茶》中的"啜之始觉君恩重，休作寻常一等夸"等等。苏轼曾作《江西月》，其中的"尤焙今年绝品，谷帘自古珍泉，雪芽双井散神仙，苗裔来从北苑"，对茶与泉水极尽溢美之词。其他词人描写茶与泉的词作也各有特色，黄庭坚的《阮郎归》："雪浪浅，露花圆，捧瓯春笋寒。绛纱笼下跃金鞍，归时人倚栏"；杨泽民的《荔枝香》："瞰水自多佳处，春未去。……相与，共煮新茶取花乳"；尹济翁的《声声慢》："残春又能几许，但相从，评水观茶"；颜奎的《醉太平》："茶边水经，琴边鹤经，小窗甲子初晴"等等。

　　元代也有不少咏茶诗，其中尤以反映饮茶意境与感受的居多。如耶律楚材的《西域从王君玉乞茶因其韵（七首）》（其一）："积年不啜建溪茶，心窍黄尘塞五车。碧玉瓯中思雪浪，黄金碾畔忆雷芽。卢仝七碗诗难得，谂老三瓯梦亦赊。敢乞君侯分数饼，暂教清兴绕烟霞。"谢应芳的《阳羡茶》："南山茶树化劫灰，白蛇无复衔子来。频年雨露养遗植，先春粟粒珠含胎。待看茶焙春烟起，箬笼封春贡天子。谁能遗我小团月？烟火肺肝令一洗。"谢宗可的《茶筅》："此君一节莹无暇，夜听松风漱玉华。万缕引风归蟹眼，半瓶飞雪起龙芽。香凝翠发云生脚，湿满苍髯浪卷花。到手纤毫皆尽力，多因不负玉川家。"

　　明代的咏茶诗多于元代，如黄宗羲的《余姚瀑布茶》："檐溜松风方扫尽，轻阴正是采茶天。相邀直上孤峰顶，出市都争谷雨前。两莒东西分枝叶，一灯儿女共团圆。炒青已到更阑后，犹试新分瀑布泉。"陆荣的《送茶僧》："江南风致说僧家，石上清香竹里茶。法藏名僧知更好，香烟茶晕满袈裟。"此外，该时期还有一些反映人民疾苦、讥讽时政的咏茶诗，如高启的《采茶词》："雷过溪山碧云暖，幽丛半吐枪旗短。银钗女儿相应歌，筐中采得谁最多？归来清香犹在手，高品先将呈太守。竹炉新焙未得尝，笼盛贩与湖南商。山家不解种禾黍，衣食年年在春雨。"

清代也有许多咏茶诗，如郑板桥的《七言诗》："不风不雨正晴和，翠竹亭亭好节柯。最爱晚凉佳客至，一壶新茗泡松萝。几枝新叶萧萧竹，数笔横皴淡淡山。正好清明连谷雨，一杯香茗坐其间"，其情其景，舒适恬淡。乾隆皇帝曾多次下江南，并为杭州西湖龙井茶作诗，其中为后人所传诵的是《观采茶作歌》："火前嫩，火后老，惟有骑火品最好。西湖龙井旧擅名，适来试一观其道。村男接踵下层椒，倾筐雀舌还鹰爪。地炉文火续续添，干釜柔风旋旋炒。慢炒细焙有次第，辛苦工夫殊不少。王肃酪奴惜不知，陆羽茶经太精讨。我虽贡茗未求佳，防微犹恐开奇巧。防微犹恐开奇巧，采茶揭览民艰晓。"

2. 茶与辞赋

茶除了在诗词中大量出现外，在辞赋中也屡见不鲜。晋代杜育的《荈赋》："灵山惟岳，奇产所钟。厥生荈草，弥谷被岗。承丰壤之滋润，受甘霖之霄降。月惟初秋，农功少休，结偶同旅，是采是求……"，讲述了茶叶从生长到饮用的全过程。唐代顾况的《茶赋》："此茶上达于天子也。滋饭蔬之精素。攻肉食之膻腻。发当暑之清吟。涤通宵之昏寐……"，盛赞了茶的功用。宋代吴淑的《茶赋》："夫其涤烦疗渴。换骨轻身。茶荈之利。其功若神。则有渠江薄片。西山白露。云垂绿脚。香浮碧乳。挹此霜华。却兹烦暑……"，详述了茶之功效。宋代黄庭坚的《煎茶赋》："汹汹乎如涧松之发清吹。皓皓乎如春空之行白云。宾主欲眠而同味。水茗相投而不浑……"，阐述了茶的功效与煎茶的技艺。清代全望祖的《十二雷茶灶赋》："四明四面兮俱神宫，就中翠谒兮尤清空。大阙峨峨兮称绝险，蜀冈旁峙兮分半峰。其间剡湖则西兮，蓝溪则东峰。回溪转兮非人世，酿为嫩雪兮茸茸……"，描写了浙江四明山区的茶叶盛况。

3. 茶与散文

古代文人还写了大量的散文来赞美茶，其中较为著名的是苏轼的《叶嘉传》与元代杨维桢的《煮茶梦记》。苏轼的《叶嘉传》："叶嘉，闽人也，其先处上谷。曾祖茂先，养高不仕，好游名山。至武夷，悦之，遂家焉。尝曰：吾植功种德，不为时采，然遗香后世，吾子不必盛于中土，当饮其惠矣。茂先葬郝源，子孙遂为郝源民。至嘉，少植节操……"，以拟人的手法描述了茶叶的历史、性状、功能等，读来栩栩如生。杨维桢在《煮茶梦记》中写道："铁龙道人卧石林。移二更。月微明及纸帐。梅影亦及半窗。鹤孤立不鸣。命小芸童。汲白莲泉燃槁湘竹。授以凌霄芽为饮供。道人乃游心太虚。雍雍凉凉。若鸿濛。若皇芒。会天地之未生。适阴阳之若亡。恍兮不知入梦……"，描写了饮茶的美妙梦境。此外，明代周履靖的《茶德颂》、张岱的《斗茶檄》《闵老子茶》也皆是描写茶的散文佳作。

4. 茶与小说

唐代之前，小说中对茶事的描写往往出现在神话志怪等故事中，如东晋干宝《搜神记》中的"夏侯恺死后饮茶"，南朝宋刘敬叔《异苑》中的"陈务妻好饮茶茗"。明清时期，话本小说与章回小说中多有茶事的记载，如《红楼梦》《聊斋志异》《三国演义》等等。《红楼梦》中出现了大量的茶诗、茶联、茶俗、茶类、茶具、茶礼等，如"宝鼎茶闲烟尚绿，幽窗棋罢指犹凉""静夜不眠因酒渴，沉烟重拨索烹茶"等茶诗；以茶祭祀、客来敬茶、吃年茶、以茶论婚嫁等传统茶俗；六安茶、老君眉、普洱茶、枫露茶、龙井茶等用茶种类；盖碗、盖钟、茶杯、茶盏、茶盘、茶盂、茶奁、茶壶等茶用具。此外，书中对沏茶用水也有独到的描述，如第四十一回中，黛玉、宝钗、宝玉在妙玉房内饮茶时，黛玉问妙玉道："这也是旧年的雨水？"妙玉回答道："这是五年前我在玄墓蟠香寺住着，收的梅花上的雪……"。

【生活如诗】

望江南·超然台作

北宋·苏轼

春未老，风细柳斜斜。试上超然台上看，半壕春水一城花。烟雨暗千家。　　寒食后，酒醒却咨嗟。休对故人思故国，且将新火试新茶。诗酒趁年华。

赏阅：

春天还未过去，微风吹动着依依袅袅的柳枝。登上超然台眺望远方，城外护城河半满的河水微微闪耀晃动，城内到处是绽放的春花。远处，可以看见家家瓦房在烟雨中朦朦胧胧、若隐若现。　　寒食节过后，酒醒了反而因为思念家乡而叹息。不要在老朋友面前思念故乡了，还是点上新火来烹煮一杯清明前采摘的新茶吧。吟诗与饮酒都应趁年龄未老之时啊。

熙宁七年（1074）秋，苏轼移守密州（今山东诸城）。次年八月，他命人修葺城北旧台，并亲作《超然台上》。熙宁九年（1076）暮春，登超然台，极目春色烟雨茫茫，乡思之情油然而生，遂作此词。本词豪迈与婉约兼具，通过描写春日的景象与作者的情感变化，表达了其豁达超脱的胸襟与用行舍藏的处世态度。全词情由景发，情景交融，含蓄深沉，清新自然。

【艺海拾贝】

点茶之色，以纯白为上真，青白为次，灰白次之，黄白又次之。

——北宋·赵佶《大观茶论》

赏阅：

点茶时茶汤的颜色，以纯白色为上等真品，青白色就差了一等，灰白色更差，黄白色又在此之下了。

【乾坤通识】

茶　歌

茶歌是在采茶、制茶、饮茶等茶事活动中逐渐衍生出来的一种文学艺术表现形式。

从现有史料来看，我国最早的茶歌是西晋文学家孙楚的《歌》："茱萸出芳树颠，鲤鱼出洛水泉。白盐出河东，美豉出鲁渊。姜桂茶荈出巴蜀，椒桔木兰出高山。蓼苏出沟渠，精稗出中田。"其中"茶荈"指的就是茶叶。茶歌最早出现时并没有形成统一的曲调，直至后来才出现了专门的采茶调。

我国的茶歌一般盛行于浙江、福建、湖北、湖南、四川、云南等盛产茶叶的地区，且多以口头的形式流传下来，主要有三个来源。首先，由文人诗词改编而成的茶歌，此类茶歌较多，如唐代卢仝的《七碗茶诗》："……一碗喉吻润，两碗破孤闷。三碗搜枯肠，唯有文字五千卷。四碗发轻汗，平生不平事，尽向毛孔散。五碗肌骨清，六碗通仙灵。七碗吃不得也，唯觉两腋习习清风生……"。其次，茶农或茶工创作而成的民歌或山歌，如清代在江西流传的武夷山采制茶叶的劳工的茶歌："……茶叶下山出江西，吃碗青茶赛过鸡。采茶可怜真可怜，三夜没有两夜眠。茶树底下冷饭吃，灯火旁边算工钱……"。第三，由谣而歌，即文人将民谣整理配乐后再返回民间，如明清时期杭州富阳一带流传的由《富阳谣》改编而成的《贡茶鲥鱼歌》："富春江之鱼，富阳山之茶。鱼肥卖我子，茶香破我家。采茶妇，捕鱼夫，官府拷掠无完肤……"。

流行于各地茶乡的采茶歌，多以反映采茶女纯洁的思想感情和对美好生活的向往为主题。如流行于广西茶乡的茶歌："三月鹧鸪满山游，四月江水到处流，采茶姑娘茶山走，茶歌飞上白云头……采茶采到茶花开，漫山接岭一片白，蜜蜂忘记回窠去，神仙听歌下凡来。"又如安徽六安的采茶歌："百花开放好春光，采茶姑娘满山岗。手提着篮儿将茶采，片片采来片片香。采到东来采到西，采茶姑娘笑眯眯。"

茶歌是茶农在茶事活动中创作的反映其质朴生活经历与情感寄托的民俗类歌谣，了解茶歌有助于我们全面了解中国传统茶文化。

【知学思考】

1. "诗因茶而诗兴更浓，茶因诗而茶名愈远"，结合这句话谈谈你对茶与诗关系的理解。

2. 点茶法相较于煎茶法有哪些优点？

【知行合一】

1. 了解"茶"意象在诗词中的审美作用。

2. 吟诵苏轼的《望江南·超然台作》，体会作者豁达超脱的胸襟与用行舍藏的处世态度。人生在世难免有不顺心的时候，尝试用取水、煮茶、赏茶、品茶的茶艺过程，以及与朋友茶聊，消解心中烦闷。

3. 我国历来有许多描写品茶的好诗词，查阅相关资料，搜集并积累"茶诗"，体会寄情于茶的和美意境。

第九课　茶与艺术
——老去逢春如病酒，唯有，茶瓯香篆小帘栊

竹符调水

　　文徵明，明代书画家，诗、文、书、画，无一不精。他生性正直倔强，不愿侍奉权贵，只愿与诗、书、画、印为伴，同时享受清茶一杯的乐趣，他有诗吟道："门前尘土三千丈，不到熏炉茗碗旁。"

　　文徵明一生嗜茶，写过上百首茶诗，还有《惠山茶会图》《茶具十咏图》等与茶相关的绘画作品传世。他对烹茶用水极为讲究，经常派人到深山中汲取宝云泉水。有好几次，他发觉挑夫带回的水与以往有所不同，煮后的茶汤微苦。一番查验才知道，原来是挑夫为了省力，在附近山脚下随便舀了一点其他的泉水来充数，对此文徵明很是苦恼。于是，他就借用苏东坡"调水符"的方法，将一根竹筒一剖为二，一片自己留着，一片预先交给僧人作为信物。挑夫每次到宝云汲水，都必须将僧人的竹符随水一起带走，以此作为凭证，再把竹符连同水一起交给文徵明。这件事在他的《煎茶》诗中也有提到："竹符调水沙泉活，瓦鼎燃松翠鬣香。"这就是"竹符调水"的故事。

【基础知识】

品茶与听琴、挂画、插花、焚香

　　中国茶文化博大精深，茶与琴棋书画诸艺相通。茶道、花道与香道被称为"三雅道"，即茶道养性，花道怡情，香道静心，三雅道皆源于"天人合一"的思想，它们互相融合，互为补充。

1. 茶与琴

自古以来，文人就有听琴品茶的雅趣。唐代白居易一生与琴与茶相伴，他在《琴茶》中写道："琴里知闻唯渌水，茶中故旧是蒙山。"人生与茶与琴相伴，生活中便多了一分闲暇自在。如明代画家陈洪绶的《停琴品茗图》，画中两位高人逸士相对而坐，琴弦收罢，手捧新茶，加之周围优雅的环境，渲染了画中人物的隐逸情调与文人淡雅的饮茶习俗。

现代品茗，背景音乐大多选择古琴、古筝、琵琶等独奏曲或丝竹合奏曲。为使背景音乐所表达的意境与品茗时的主题更为接近，近代作曲家专门谱写了许多品茶音乐，如《闲情听茶》《茶诗》《桂花龙井》《茶雨》《听壶》《茶禅一味》《奉茶》等。背景音乐要根据周围的环境、民族习惯、不同茶类来选择。首先，周围环境。如果在空旷的室外饮茶，背景音乐的音量要大一点；如果在室内饮茶，音乐的选播应与装修风格相宜。其次，民族习惯。民族茶艺各具特色，如客家擂茶、四川掺茶、藏族酥油茶、蒙古族咸奶茶等，背景音乐的选用要考虑具有民族特色的乐器演奏的曲子。再者，不同茶类。茶艺表演时，应结合不同茶叶

明·陈洪绶《停琴品茗图》

的茶性与冲泡方式选择合适的背景音乐，如绿茶茶艺表演，应选择明快素雅、节奏分明的背景音乐，《高山流水》《平湖秋月》等较为合适；乌龙茶茶艺表演中，选择《出水莲》《梅花三弄》，能更好地彰显乌龙茶幽香绵延的特征。

2. 茶与画

我国是茶文化起源最早的国家，留下的茶诗、茶词、茶文、茶赋数不胜数，在绘画方面也有很多与茶有关的佳作。历代茶画大多描绘煮茶、品茶、以茶会友以及茶具、饮茶方式等内容。

我国古代有不少以茶为题材的绘画，其中唐代阎立本的《萧翼赚兰亭图》，被认为是中国乃至世界绘画史上表现茶文化的开山之作。画中描绘了萧翼向袁辩才索画的场景，画面上狡猾的萧翼和疑惑的辨才和尚，神态维妙维肖。左下二仆在茶炉边备茶。该作品记载了僧人以茶待客的史实，也再现了唐代饮茶器具。

唐·阎立本《萧翼赚兰亭图》（局部）

《调琴啜茗图》。该作品由唐代画家周昉所绘，画中描绘了三位贵妇在两位女仆的伺候下弹琴、听琴与品茶的生活场景。从画中听琴品茗的姿态可以看出唐代贵族悠闲自得的生活况味。

唐·周昉《调琴啜茗图》

《文会图》。该作品是宋徽宗赵佶与宫廷画家共绘的以文会友、以茶赋诗的场景，是描绘宫廷茶宴的千古佳作。园中绿草如茵，文人环桌而坐，饮茶赋诗，一派热闹之景，整体风格精致明净。

北宋·赵佶《文会图》（局部）

《撵茶图》。该作品由南宋画家刘松年所绘，具体描绘了宋代磨茶、煎茶的过程，以及饮茶用具与点茶场景等。画中左前方一仆人正在磨茶，桌上摆有茶罗、茶盒等；另一仆人提着汤瓶点茶，桌上有茶筅、茶盏、盏托等。

南宋·刘松年《撵茶图》（局部）

《卢仝烹茶图》。该作品由元代画家钱选所绘，描绘了卢仝的好友送来新茶，并当场烹茶、尝茶的情景。画中卢仝似乎在指点仆人烹煮新茶，仆人正手持纨扇蹲在地上为茶炉扇风，旁边有芭蕉等植物，环境幽静宜人。

《斗茶图》。该作品由元代书画家赵孟頫所绘，生动地描绘了元代斗茶的情形。画中共有四人，人人身边都有茶炉、茶壶等器具，再现了宋代民间茶叶买卖与斗茶的场景。

元·钱选《卢仝烹茶图》（局部）

元·赵孟頫《斗茶图》（局部）

《陆羽烹茶图》。该作品是元代赵原创作的水墨画。画中倚在榻上之人便是陆羽，前面有一童子正在拥炉烹茶。

元·赵原《陆羽烹茶图》

《惠山茶会图》。该作品由文徵明所绘，记录了文徵明与好友在山间聚会畅叙的生活场景，展现了明代文人茶会的艺术情趣，从中也可以看出该时期文人崇尚清韵、追求意境的人文风貌。

《烹茶洗砚图》。清代钱慧安所绘，画中一男子倚栏而坐，琴桌上放有书函、茶具，旁边一侍童在水边洗砚，另一侍童正对着小炉扇风烹茶。整幅作品设色清淡，仪容娴雅，技法成熟。

明·文徵明《惠山茶会图》（局部）

清·钱慧安《烹茶洗砚图》

3. 茶与花

茶席上有了花，就会增添自然清新、生机盎然的美学韵味。茶席中的插花不能只注重花材之美，更要与茶韵相融相和，否则便不协调；茶席中的插花要点到为止，不能丛花簇簇，否则就会有喧宾夺主的感觉。茶席中的插花，以自然、清丽、雅致为美，旨在衬透茶席的意境，即通过视觉上的美感延伸出茶道的意境。

茶席上的插花，要根据季节的不同、茶席的位置、茶的种类来选择。适合选做插花的花材，有梅、兰、竹、菊等纯朴高洁的气节花，也有漫山遍野随手可采的自然野花、树枝、藤蔓等。选择花材时，应选择含苞待放的花材，要查看花茎是否有受伤现象，确认花面、叶子是否新鲜，刚采摘的花材要用湿纸包好，以免流失水分。花材的选取要应季应时并与茶文化相融，春季一般喝花茶、白茶，选用兰花、迎春花、柳枝、木海棠为宜；夏季一般喝绿茶，选用白色荷花、菖蒲、竹枝、柳枝、中华常青藤为宜；秋天一般喝黄茶，选用菊花、桂花、红枫、银杏为宜；冬天一般喝红茶、黑茶、普洱，选用梅花、茶花和枯莲、干花为宜；青茶（乌龙茶）适合于一年四季，兰花四季皆美，是最好的搭配，同时还可以应季选取其他花草。总之，茶席插花不同于一般的插花艺术，它要很好地体现茶的精神，为茶席增添几分自然、质朴、幽静之美。

4. 茶与香

闻香品茗自古就是文人雅集中不可缺少的内容。茶道与香道相结合历史悠久，明代徐勃在《茗谭》中提到："焚香雅有逸韵，若无茗茶浮碗，终少一番胜缘。是故茶香量相为用，缺一不可。"

茶与香在品性上有许多共同点。首先，茶与香都讲究"闻"。茶有"香、清、甘、活"的标准，不同的茶有不同的香味，一般绿茶、白茶、黄茶为清淡型香味，青茶为温和型香味，红茶为沉香型香味，黑茶为醇厚型香味；香有"清、甘、温、烈、媚"的标准，不同的香有不同的香味，仅沉香就有甜蜜味、乳香味、清香味、果仁味、花香味、辛麻感等"六国五味"。其次，茶与香都讲究"韵"。不同的茶有不同的韵味，如西湖龙井的"雅韵"、黄山毛峰的"冷韵"、铁观音的"音韵"、岩茶的"岩韵"、普洱茶的"陈韵"等等。焚香讲究韵味，香韵是某一香料的香气韵调的嗅官印象，不同类型的香有不同的香韵。香气充盈，随后带至喉部，继而扩散在整个胸腔，然后行气在体内，这是香独特的魅力。总之，茶与香是天然之搭，焚香啜茗，香气与茶汤交融、细细品味、静心悟道，不失为一种完美的契合。

茶与花

茶与香

【生活如诗】

定风波·暮春漫兴
南宋·辛弃疾

少日春怀似酒浓，插花走马醉千钟。老去逢春如病酒，唯有，茶瓯香篆小帘栊。　　卷尽残花风未定，休恨，花开元自要春风。试问春归谁得见？飞燕，来时相遇夕阳中。

赏阅：

　　少年时，到了春天便会纵情狂欢，热衷于插花、跑马与饮酒。年老时，到了春天就像患病时喝酒那样索然无味，只有在自己书房里品茶、焚香才感到有一份闲逸情趣。　　春风不停地卷走将谢的花瓣，不要怨恨，花开本就需要春风的吹拂。请问谁真正见过离去时的春天？（你看）残春与飞燕正在夕阳落晖中相遇呢。

　　本词作于作者被罢官闲居带湖之时。词作采用饮茶、焚香、春风、落花、飞燕、残阳等意象，描写了作者贬官闲居在家的生活境况，抒发了仁人志士报国建功无门的悲愤与无奈之情，以及惆怅之后的恬淡心境。

　　辛弃疾（1140—1207），字幼安，号稼轩，历城（在今山东济南）人，南宋豪放派词人，历任江西、福建安抚使等职，一生力主抗金。他一生以复国为志，以功业自许，却命运多舛、备受排挤、壮志难酬，只能把满腔激情和对国家兴亡、民族命运的关切与忧虑，寄寓于词作之中。其词艺术风格沉雄豪迈又不乏细腻柔媚之处，题材广阔，善于用典，有"词中之龙"之称。与苏轼合称"苏辛"，与李清照并称"济南二安"。有《稼轩词》等。

【艺海拾贝】

　　茶有真香，非龙麝可拟。要须蒸及熟而压之，及干而研，研细而造，则和美具足。入盏则馨香四达，秋爽洒然。或蒸气如桃仁夹杂，则其气酸烈而恶。

——北宋·赵佶《大观茶论》

赏阅：

　　茶有香气，不是龙脑、麝香等名贵香料可以相媲美的。要得真香，必须把茶叶蒸到熟透再压榨，榨干后再细细研磨，研细后再制成茶饼，如此便能制出和美兼具的茶。新茶入盏清香四溢，如秋风般凉爽怡人。蒸茶时蒸气中若夹杂桃仁之类的异味，茶味便会酸烈难闻。

【乾坤通识】

宋代文人四事

　　宋代的文人雅士普遍懂得闲逸雅致的生活美学，吴自牧就在其笔记《梦粱录》中记载："烧香点茶，挂画插花，四般闲事，不宜累家。"

　　焚香　焚香是古代文人的一种雅趣，在宴客、读书、弹琴、作画、静养时，都会在香炉中点燃香料。《香谱》记载，早在春秋战国时期人们便已开始用香，宋代达到鼎盛。焚香要根据不同季节、环境、心境和个人喜好，在香炉中添加不同的配料。唐诗宋词中多有描写焚香雅趣的佳句，如杜甫的"焚香玉女跪，雾里仙人来"，欧阳修的"紫案焚香暖吹轻，广庭清晓席群英"，李清照的"薄雾浓云愁永昼，瑞脑消金兽"等等。

点茶　宋代盛行点茶法，点茶就是将茶饼碾碎放入茶盏中以水注点，再将其调成膏状，然后一边冲入开水，一边用茶筅击拂，使水与茶末交融，并泛起茶沫，击拂数次后，一盏清香四溢的宋式热茶就出炉。整个烹茶的过程，宋人称之为点茶。

挂画　挂画最早指挂于茶会座位旁的有关茶的画作，到了宋代，挂画改为专门将字画卷轴展览为主。宋代文人聚会时，通常都要挂出自己的书画作品，或者取出自己收藏的名画，在茶会、雅集等聚会时供友人品鉴。一般来说，在文人雅集或博古时，挂画是常见的聚会项目。

插花　我国插花艺术开始于隋朝之前，主要是用于祭坛佛前供花等。唐代时，插花艺术在宫廷内广受欢迎。而到了宋代，插花艺术普及至文人雅士乃至不同阶层的家庭中。插花艺术深受古代文人的喜爱，各朝代关于插花欣赏的诗词很多，如杜牧的"莫怪杏园憔悴去，满城多少插花人"，晁补之的"秉金笼。夜寒浓。沈醉插花，走马月明中"，黄庭坚的"莫笑插花和事老，摧颓。却向人间耐盛衰"，李清照的"醉里插花花莫笑，可怜春似人将老"等等。

【知学思考】

1. 茶与琴、茶与画是如何融会贯通的？品茶与插花、焚香三者之间有什么联系？

2. 说说你对"茶有真香，非龙麝可拟"这句话的理解。

【知行合一】

1. 掌握茶与琴、茶与画、茶与花、茶与香之间的关系，体会古人喝茶赏画、喝茶听琴的生活情趣。

2. 吟诵辛弃疾的《定风波·暮春漫兴》，体会词中迷惘惆怅间掠过的一丝欣慰。查阅文献，赏阅古代描写品茶、赏花、焚香的诗词，领会古代文人墨客的生活美学境界。

3. 搜索历代有关茶的绘画作品，对比各代茶画作品的异同，总结出它们一脉相承的文化特征。

4. 品茗重"味"，挂画重"境"，焚香重"香"，插花重"色"。根据所学知识，布置自己的茶室或书房，重拾旧时闲适优雅的生活美学情调。

第十课　茶与哲学
——今日鬓丝禅榻畔，茶烟轻飏落花风

【历史典故】

吃茶去

唐代赵州观音寺有位从谂法师，人们尊称他为"赵州古佛"。他嗜茶成癖，每每与人交谈总有一句口头禅"吃茶去"。

明代《指月录》中记载了这样一个故事。有一天，有两位远方的僧人来赵州观音寺参学，从谂法师问其中一位僧人："你之前可曾来过这里？"僧人回答："来过。"从谂法师说："吃茶去。"从谂法师又问另一位僧人："你之前可曾来过这里？"这位僧人答道："不曾来过。"从谂法师也对他说："吃茶去。"站在一旁的监寺听后疑惑地问："法师，为什么之前曾来过这里的吃茶，不曾来过这里的也吃茶？"从谂法师回答监寺说："吃茶去。"

"吃茶去"听似很普通的一句话，却是佛界的一句禅林法语，从谂法师"吃茶去"一句平平常常的话，却深蕴禅机，这便是"禅"的本意——在简单的日常生活中顿悟明白深奥的道理，从而臻及无执无待、自由自在的人生境界。

【基础知识】

茶与儒学、道学、禅学

中国茶文化作为传统文化的一部分，在儒、道、释思想的影响下，博采众长，兼收并蓄，逐渐形成了独特的文化体系。

1. 茶与儒学

儒家崇尚诗礼乐，儒士文人大多好茶。自从《诗经》的"谁谓茶苦，其甘如荠"开始，历代文人便将茶与诗融为一体，留下许多传诵千年的诗句。早在南北朝或更早的时候，茶就被用以祭礼，如齐武帝就曾在遗诏中提出以茶为祭。陆羽也提出茶与器在茶道施行上的礼仪问题，认为茶道施行必须严谨规范，如"二十四器缺一，则茶废矣"。唐代之后，大祭、殿试、群臣宴会等都有茶仪、茶礼。南宋审安老人（原名董真卿）《茶具图赞》一书中，每件茶具都被清晰地冠以官职名称。宋明之际，儒家还把茶礼引入诸如婚丧、祭祀、待客等家礼中，久而久之，客来敬茶成为人们世代相传的礼俗。古雅的音乐，与茶文化的雅趣相符合，饮茶时听音乐，能表达茶德，能引起人的幽思，使茶与乐相得益彰，使通常的品茗达到艺术享受的境界。

儒家认为饮茶可以使人沉静，实现"养廉以修德"，这与其倡导的中庸之道相吻合。唐人刘贞亮《饮茶十德》，总结出以茶散郁气、以茶驱睡气、以茶养生气、以茶除病气、以茶利礼仁、以茶表敬意、以茶尝滋味、以茶养身体等十种品德。唐代韦应物在《喜园中茶生》中云："洁性不可污，为饮涤尘烦"，以茶之品行喻人之德操。宋代欧阳修在《双井茶》中云："岂知君子有常德，至宝不随时变易"，借咏茶感叹仕路之崎岖，表达不忘初心、坚持革新的志向。明人屠隆在《考槃余事》中写道："使佳茗而饮非其人，犹汲泉以灌蒿莱，罪莫大焉；有其人而未识其趣，一吸而尽，不暇辨味，俗莫大焉"，明确阐述了对饮茶之人的品德要求，提出茶品与人品的统一。这种人与自然的契合，彰显了儒家对天人合一、上善至德境界的追求。

2. 茶与道学

茶品性温厚醇朴，道家追求道法自然、上善若水、无为不争，茶从一开始便与道结下了不解之缘，品茶也自然而然地成了道家清修的途径之一。西汉蒙顶山住持吴理真道人是有明确文字记载最早的种茶人，被称为蒙顶山茶祖。宋孝宗在淳熙十三年（1186）封吴理真为"甘露普惠妙济大师"，并把他手植七株仙的地方封为"皇茶园"。因此，吴理真被世人称作"甘露大师"。

道家成仙的相关记载也多与茶有关，如西汉壶居士在《食忌》中写道："苦茶，久食羽化。"三国时期道教学者葛玄在归云洞开始种茶，曰"葛仙茗圃"。南朝道士陆修静曾在庐山修道，相传其曾在此"削壁种茶""话茶吟诗"。南朝齐梁陶弘景的《神农本草经》中有"苦茶，轻身换骨，昔丹丘子、黄山君服之"的相关记载，认为饮茶可以轻身换骨、羽化成仙。唐代，道家饮茶之风盛行，诗歌中也有关于道家饮茶生活的描述，如温庭筠在《西陵道士茶歌》中写道："乳窦溅溅通石脉，绿尘愁草春江色。涧花入井水味香，山月当人松影直。仙翁白扇霜乌翎，拂坛夜读黄庭经。疏香皓齿有余味，更觉鹤心通杳冥"，生动描写了道家品茗读经、物我两忘的悟道过程。

茶道

　　道家饮茶追求自然，在品茶时与自然亲近，在茶事中体悟自然规律，强调顺天、法道、虚极、静笃。金、元之际文学家元好问在《茗饮》一诗中写道："宿醒来破厌觥船，紫笋分封入晓前。槐火石泉寒食后，鬓丝禅榻落花前。一瓯春露香能永，万里清风意已便。邂逅化胥犹可到，蓬莱未拟问群仙"，这便是道家品茗悟道的真实写照。道家"天人合一"的思想在茶具上也有所体现，如"三才杯"的设计，杯盖为天、杯身为人、杯托为地，用"三才杯"泡茶有天时、地利、人和之意。此外，茶与道在"静"上也达到了高度一致。茶朴素天然，清净淡泊，而"致虚极，守静笃"是道家的基本修养方式。

3. 茶与禅学

　　西汉末年，佛教传入中国，很快便与茶结下了不解之缘。据《茶经》记载，两晋时，僧人已开始将敬茶作为寺院待客礼仪。为满足日常饮用与待客之需，僧人均自己种植、采制茶叶。唐代初期，禅宗盛行，佛门饮茶之风更加普及。唐代中期，百丈怀海禅师创立《百丈清规》，寺院茶礼愈发规范，以茶供佛、以茶清心、以茶待客成为僧人的日常必需。陆羽，三岁被禅师收养，四十七岁时撰写了著名的《茶经》；从谂法师的三句"吃茶去"，使得"吃茶去"成为禅林的经典公案。宋代圆悟克勤禅师著有《碧岩录》一书，悟出"禅茶一味"之道，并亲书"禅茶一味"四字赠予日本弟子，至今仍收藏于日本奈良大德寺。"自古名寺出名茶"，我国古今众多名茶中，不少都是由寺庙种植、炒制的，如浙江杭州径山寺的径山茶、湖北覆船山寺的仙人掌茶、安徽齐云山水井庵的六安瓜片等。

元·赵孟頫《写经换茶图》（局部）

　　禅茶文化的精神是"正""清""和""雅"。"正"，指坐禅或泡茶、品茶时要有正心、正念和正定的心境；"清"，指清净心，坐禅与品茶都讲究先"静心"，然后才进入"净心"，"静者歇却狂心，净者一尘不染"；"和"，指"六和敬"，即身和同住、口和无诤、意和同悦、戒和同修、见和同解、利和同均；"雅"，便是富贵不矜、贫贱不卑、如同"莲之出淤泥而不染，濯清涟而不妖"。禅茶文化是中国传统文化史上一种独特的现象，同时也是中国对世界文明的一大贡献。

　　中国茶文化兼容并包，最大限度地吸收了儒学、道学、禅学等学派的思想精华，在漫长的历史进程中逐渐完善，最终形成了独具特色的中华茶文化。

【生活如诗】

题禅院

唐·杜牧

觥船一棹百分空，十岁青春不负公。

今日鬓丝禅榻畔，茶烟轻飏落花风。

赏阅：

整条船的酒都喝光了，十年青春岁月皆与酒相伴，真是没有辜负酒神。如今，两鬓斑白的我斜坐在寺院的禅床上品着清茶，茶煮的轻烟伴着落花在风中轻轻飘荡。

本诗先写自己年轻时落拓不羁、以酒为伴的潇洒生涯，暗寓人生不得志、借酒浇愁的生活状态。后写参禅品茶之悠闲，"青春"与"落花"两个对比性意象的出现，说明一生自许甚高的杜牧其抱负至老都未能得以施展，表达了作者对年华老去的无奈、悲悔，以及悠闲自在等复杂的心情，诗句所透露出的清幽境界和旷达情思，韵味深长。

杜牧（803—约852），字牧之，京兆万年（今陕西西安）人，因晚年居长安南樊川别墅，世称杜樊川，唐代诗人，曾任黄州、池州、睦州刺史等职。他的诗以七言绝句著称，内容以咏史抒怀为主，与李商隐并称"小李杜"。有《樊川集》。

【艺海拾贝】

古人云："泻水置瓶中，焉能辨淄渑。"此言必不可判也，万古以为信然，盖不疑矣。岂知天下之理，未可言至。古人研精，固有未尽，强学君子，孜孜不懈，岂止思齐而已哉。

——唐·张又新《煎茶水记》

赏阅：

古人说："把水倒入瓶子里，怎能辨别淄水与渑水呢。"这话必然不可评判，历代都确信是这样，都不去怀疑。怎知天下的道理，不能说绝呢！古人研究精深，也总会有未尽之处，勤奋学习的君子，毫不懈怠，又岂能止于见贤思齐而已呢！

张又新（生卒年不详），字孔昭，张荐之子，唐代深州陆泽（今属河北省）人。他嗜好新茶，常品各地名泉。著有《煎茶水记》一书，是继陆羽《茶经》后我国又一部重要的茶道研究著作。

【乾坤通识】

茶道精神

茶道是通过沏茶、赏茶、闻茶、品茶、茶礼等茶艺活动，以及插花、焚香、挂画、抚琴、吟诗、悟道、参禅等与茶文化相关的交流活动来修身养性、陶冶情操、去除杂念的程式与技艺，是品茶的审美之道。中国茶道博大精深，崇尚自然。"和、静、怡、真"四谛历来是人们奉行的茶道精神。

和　"和"是中国茶道思想的核心，蕴含着中和、和气、和睦、和美、和谐、和平、和合等意义。中华民族崇尚中庸之道，讲究致中和、和为贵。以茶会友、以茶待客、以茶联谊等茶事活动中处处体现着"和"的精神。

静　"静"是中国茶道修习的必由之径。宋徽宗赵佶在《大观茶论》中写道："茶之为物……冲淡闲洁，韵高致静"，中国茶道十分讲究空灵虚静的心境。有道是"酒喧茶静"，酒能使人激荡、喧嚣、亢奋，茶则可让人平静、安宁、闲逸。

怡　"怡"是茶人的身心享受。古时王公贵族重茶之珍，文人雅士重茶之韵，儒家重茶之德，佛家重茶之性，道家重茶之功，而普通百姓更重茶之味。总之，中国茶道追求的是怡情养性的心灵感受，人们以茶悟道，怡然自乐，从而提高生活质量，提升人生境界。

真　"真"是中国茶道的起点，也是中国茶道的终极追求。中国茶道讲究"真"，煮茶之水最好是山泉，煮茶之具最好是真竹、真陶、真瓷，茶道之花最好是新采的真花等。此外，中国茶道的"真"还讲究情之真、性之真、道之真。

【知学思考】

1. "吃茶去"表达的是一种怎样的心境？怎样才能从茶中品出"禅"味？

2. "禅让僧人有一颗平常心，茶给茶人以一颗平常心"，谈谈你对这句话的理解。

【知行合一】

1. 了解并掌握茶与儒、释、道之间的关系，如遇闲暇之日，去寺院体验"礼佛茶"。

2. 吟诵杜牧的《题禅院》，体会作者在禅寺休养时恬淡闲适的生活情趣。

3. 查阅资料，谈谈你对刘贞亮《饮茶十德》的理解。

4. 周末寻找一个清静的地方，为自己沏上一壶茶，然后静静地听小鸟在树上唱歌，看小鱼在水里戏水，自己慢悠悠地品茶，体会"禅茶一味"的境界。

第十一课 茶与养生

——七碗吃不得也，唯觉两腋习习清风生

【历史典故】

乾隆封御茶

相传，乾隆皇帝下江南巡视时，曾来到杭州的龙井茶区狮峰山，观看茶叶的采制情况，并作诗赞曰："慢炒细焙有次第，辛苦功夫殊不少。"

返回途中，乾隆看见几个采茶女正在胡公庙前的十多株绿油油的茶树前采摘茶叶，一时兴起，也学着采起茶来。兴趣正浓时，太监急急来报："太后突发疾病，请皇上速速回京。"乾隆一听，随手将采摘的茶芽往衣袋内一放，日夜兼程赶回京城。回京后，乾隆赶忙去探望太后。原来，太后只因山珍海味吃多了，一时肝火上升，眼睛红肿，胃中不适，并无大碍。太后见乾隆回朝，心下高兴，病又好了几分。谈话间，忽闻见一股清香扑面而来，便问乾隆从江南带来了什么好东西。乾隆也觉奇怪，这是哪来的清香呢？他随手往衣袋内一摸，原来是在狮峰山采的茶叶。太后突然想尝尝这龙井茶，乾隆忙命宫女将茶泡好端至跟前。太后接过茶，清香扑鼻，慢慢品饮，感觉特别舒适。后来一连喝了几天，肝火平了，双眼红肿消了，胃也不胀了。太后高兴地说："这杭州龙井的茶叶真是神丹妙药啊！"乾隆见太后这般高兴，便立即传令下去，封杭州龙井狮峰山下胡公庙前那十几株茶树为御茶，年年采制送京，专供太后享用。因胡公庙前一共有十八棵茶树，因此被称为"十八棵御茶"。

【基础知识】

茶的营养价值与药理价值

研究表明，茶叶中含有约 500 种化合物，其中有些化合物是人体所必需的营养成分，如维生素、蛋白质等，具有较高的营养价值。茶叶中含有丰富的维生素，一般每 100 克绿茶中含有 100 ~ 250 毫克的维生素 C；茶叶中的蛋白质含量约为 20% ~ 30%，其中能通过饮茶直接被吸收的水溶性蛋白质含量约为 2%，其余存在于茶渣内；茶叶中的氨基酸种类丰富，包括人体所必需的 8 种氨基酸中的 6 种；茶叶中还含有人体所需的矿物质元素，如钙、钾、铁、锌等。

茶叶中含有茶多酚、咖啡碱等成分，具有重要的药理价值，这在我国古籍中多有记载。《神农本草》中提到："茶味苦，饮之使人益思、少卧、轻身、明目。"《神农食经》中也说："茶茗久服，令人有力悦志。"陆羽《茶经》中记载："茶之为用，味至寒，为饮，最宜精行俭德之人。若热渴、凝闷、脑疼、目涩、四支烦、百节不舒，聊四五啜，与醍醐、甘露抗衡也。"明代钱椿年《茶谱》："人饮真茶，能止渴消食，除痰少睡，利水道，明目益思，除烦去腻。"李时珍《本草纲目》："茶苦而寒，最能降火……又兼解酒食之毒，使人深思阔爽，不昏不睡。"茶叶中的茶多酚、咖啡碱、脂多糖等成分，有延缓衰老、预防心血管疾病、抵抗辐射、抗氧化、醒脑提神、利尿解乏、降脂助消化、护齿明目等药理价值。

六类茶以及普洱茶的养生功效与禁忌

众所周知，喝茶有益身心健康，但不同种类的茶又有不同的功效与禁忌，以茶养生要因人而宜、因时而异。

1. 绿茶

绿茶具有抗衰老、降血脂、防动脉硬化、降低心血管疾病、减脂瘦身、防龋齿、清口臭、美白及防紫外线等作用，还可改善消化不良情况。绿茶中的茶多酚具有预防肿瘤的功效。绿茶中的咖啡碱经肝脏代谢，肝脏病人不宜饮用过多，手术病人与孕妇不宜饮用。绿茶性寒，适合体质偏热、胃火旺的人饮用，而胃寒的人不能多喝，以免引起肠胃不适。

2. 白茶

白茶具有抗辐射、抗氧化、降血压、降血脂、降血糖等功效。常饮白茶对心、肝、目等有益，还可预防糖尿病、脑血管病等疾病。白茶性寒，胃寒者不宜在饭前饮用。

3. 黄茶

黄茶是沤茶，在沤的过程产生的消化酶可以保护脾胃，有助于改善消化不良与食欲不振等症状。黄茶鲜叶中的天然物质具有杀菌、消炎的作用，其含量较高的茶多酚有预防肿瘤等功效。黄茶性寒，胃部不适者不宜多饮。黄茶中含有鞣酸成分，会影响对铁的吸收，孕妇不宜饮用。

4. 青茶

青茶性平，具有提神益思、消除疲劳、消食去腻、排毒养颜、抗衰老等功效，还可以使血液中维生素 C 含量持较高水平。青茶不宜空腹饮用，因为容易出现头晕、心慌等茶醉现象，也不能睡前饮用，否则不易入眠。

5. 红茶

红茶性温，适合胃寒、体弱、手脚发凉者饮用，有利于补养气血、延缓衰老、调和脾胃、提神消疲、促进食欲等。但结石患者、胃热、舌苔厚者、经期孕期女性不宜饮用；贫血、神经衰弱、睡眠质量欠佳的人需慎用。

6. 黑茶

黑茶性温，具有补充膳食营养、助消化、顺肠胃、降脂、减肥、软化血管、预防心血管疾病、利尿解毒、降低烟酒毒害等功效，但是不要喝新茶、头遍茶，也不宜空腹饮用，神经衰弱、睡眠质量欠佳的人应少饮用。

7. 普洱茶

普洱熟茶性温，可暖胃护胃，促进肠胃蠕动，助于通便；含有多种抗氧化物质，老年人服用可提高免疫能力，缓衰老；含有丰富的皂甙和维生素 P，对化油腻、降血脂、减肥有独特的作用。但胃热、肝火旺、神经衰弱、睡眠质量欠佳者需慎用。

【生活如诗】

七碗茶诗（节选）
唐·卢仝

一碗喉吻润，二碗破孤闷。

三碗搜枯肠，唯有文字五千卷。

四碗发轻汗，平生不平事，尽向毛孔散。

五碗肌骨清，六碗通仙灵。

七碗吃不得也，唯觉两腋习习清风生。

赏阅：

第一碗茶润喉，第二碗茶消除内心的孤独烦闷。第三碗开始搜索枯竭的文思，只留下文字五千卷。第四碗已微微冒汗，平生那些不平之事，都随着汗孔消散。第五碗觉得骨健身清，第六碗好像能与神仙沟通。第七碗已经吃不得了，只觉两腋之下微风吹拂要飞升。

本诗广为传颂，写出了饮茶的美妙意境，将饮茶提高到了忘记世俗、羽化而登仙的境界。

卢仝（约795—835），自号玉川子，济源（今属河南省）人，唐代诗人。卢仝早年隐

居少室山，诗风奇诡，人称"卢仝体"，又嗜茶成癖，被尊称为"茶仙"。有《茶谱》《玉川子诗集》。

【艺海拾贝】

茶之为用，味至寒，为饮，最宜精行俭德之人。若热渴、凝闷、脑疼、目涩、四支烦、百节不舒，聊四五啜，与醍醐、甘露抗衡也。

——唐·陆羽《茶经》

赏阅：

茶的功用，是因为它性质寒凉，可以降火，作为饮料，最适合行事端正、品德俭约的人。如果发烧口渴、胸闷头疼、眼睛酸涩、四肢无力、关节不畅，喝上四五口，其效果与醍醐、甘露不相上下。

【乾坤通识】

四季茶饮

一年有春夏秋冬之分，茶叶也有温凉寒热之别。喝茶不仅要因人而异，也要讲究四季有别，即春饮花茶、夏饮绿白黄茶、秋饮青茶、冬饮红黑茶。

春季，气候转暖，万物生发，人们常会有困倦乏力、头昏欲睡等春困现象，这时饮用一些甘凉而芳香四溢的花茶，有利于肝气疏解，阳气生发，令人神清气爽。

夏季，天气炎热，挥汗如雨，体力消耗较大，精神不振，这时最宜饮用"寒可清热"的绿茶和白茶。绿茶、白茶其性寒凉，清热解暑，生津止渴，具有明显的清热祛暑的功效。

秋季，天气转凉，气候干燥，常会出现口干舌燥、嘴唇干裂等秋燥现象，这时适合饮用温凉适中的青茶，青茶有润燥生津、清除体内余热等功效；初秋时节，白天气温还很高，适合饮用黄茶，黄茶可防止因秋燥引起的消化不良，食欲不振等症状。

冬季，天气寒冷，阳气渐弱，这时最宜饮用红茶、黑茶和乌龙茶。红茶、黑茶和乌龙茶味甘性温，有丰富的蛋白质，能助消化，生热暖腹，增强抗寒能力。

【知学思考】

1. "茶之为用，味至寒，为饮最宜精行俭德之人。"结合这句话谈谈你对茶与修身养性的理解。
2. 饮茶能使人静心，你是怎样理解饮茶与静心之间的关系的？

3. 为什么说"茶是最绿色、富文化内涵的饮品"？

4. 为什么说喝茶要"因人而宜，四季有别"？

【知行合一】

1. 了解茶的营养价值与药理价值，掌握六类茶以及普洱茶的功效与禁忌。

2. 吟诵卢仝的《七碗茶诗》（节选），体会饮茶的美妙意境与超然登仙的境界。

3. 茶类不同，茶性也不同，掌握不同茶类的适饮性，根据家庭成员的个人喜好、身体状况，以及所属季节等为家人选择不同的茶类。

本单元教学建议

◎**教学目标**

1. 了解茶的历史渊源。

2. 掌握茶园与茶叶的分类、茶具的分类、茶席、品茗用水、茶礼、品茶等饮茶知识。

3. 了解并掌握茶人、茶与诗词、茶与琴画、茶与插花、焚香，茶与儒、释、道的关系以及茶道精神等等常识。

4. 明白品茶如品人生，要懂得以茶修身，要以俭德的品质来约束自己。

◎**教学重点**

1. 掌握茶叶的分类，能够选用正确的茶具泡茶。

2. 掌握六大类茶以及普洱茶的冲泡程序，能够按照茶艺流程正确泡茶。

◎**教学难点**

1. 能够正确区分茶叶与茶具的分类。

2. 六大类茶以及普洱茶的冲泡技巧。

◎**广览博学**

1. 搜索、阅读陆羽的《茶经》。

2. 搜索、阅读蔡襄的《茶录》。

3. 搜索、阅读张源的《茶录》。

4. 搜索、阅读赵佶的《大观茶论》。

5. 搜索、阅读张又新的《煎茶水记》。

第二单元

花艺

本单元概述

　　本单元安排的课程内容和教学目标是：认识中国传统花艺，了解其起源、形式、所用花器与花目，掌握花艺流程与欣赏方法；通过学习《花朝盛节》《兰菊丛生》等历史典故，了解我国传统节日花朝节的渊源，知道花艺不仅能美化环境，还能陶冶情操、提高审美能力，体现作者的内心境界；通过赏阅《楚辞·山鬼》《插花吟》等古诗，体会古人互赠花卉所蕴含的情义，感悟文人插花的文化内涵；通过理解《闲情偶寄》《瓶史》《瓶花谱》《梦粱录》中的名句，体会我国传统花艺的意义，学会更好地养护花木、热爱自然、涵养生态情怀。

第十二课 花艺渊源

——被石兰兮带杜衡，折芳馨兮遗所思

花朝盛节

中华民族自古爱花惜花，花朝节作为专门为花开设的节日也由来已久。关于花朝节的来历，最早在春秋时期的《陶朱公书》中就有记载，而后又有传说与晋代南岳夫人擅长养花的女弟子女夷有关。真正形成一种节日风尚则是在唐代。

武则天嗜花成癖，除了观赏以外，还将花做成各种各样的食品、药品，用于养生护颜。每到一年花朝，武则天就会命令宫女采集百花，然后将鲜花和米一起捣碎，制作成花糕，供自己食用，也用来赏赐大臣，一起品尝这春天的味道。正是因为武则天的爱花举动，夏历二月十五过花朝节的习俗由宫廷向民间蔓延开来，成为与正月十五元宵节、二月初三文昌节、三月初三上巳节、五月初五端午节、八月十五中秋节、九月初九重阳节同样重要的岁时节日。花朝节这一天，大家祭花神、饰花树、戴花簪、吃花糕、行花令。姑娘们祈祷自己与花一样富有朝气，美丽动人；青年男子憧憬自己能知遇花一样美丽女子，喜结良缘；文人雅士则以花兴诗、以花入画，赋予花更高层次的审美情趣和象征意义。

从花朝节的悠久历史，可以看出中华民族对于花的喜爱，各种各样的花在中华文化中也被赋予了各种高尚美好的含义。

【基础知识】

花艺的历史渊源

花艺是一种从特定主题出发，用合适的花材与花器进行艺术再创造的艺术形式。中国花艺源远流长，可分为广义的不使用容器的花艺和狭义的容器插花艺术。花艺旨在体现作者的个人艺术情趣以及人与自然和谐相处的生态情怀。

早在先秦时期，不使用容器的原始花艺形式已经出现，人们开始将花与叶作为护身符或者装饰品，并常作为礼物互相赠送以表达情感，自然、朴实而又浪漫。

西汉时，各种各样的域外花木被引进，人们开始将奇花异草移入室内，审美观念也逐渐转变，出现插花的雏形。真正将花插入容器中的花艺形式至迟出现于东汉。东汉末年各种佛经出现了译文，佛教的传播也使得佛前供花逐渐兴起。

南北朝时期，宗教气氛浓郁，插花主要被用于佛前供花，因此有了插花源于佛前供花的说法。为使花新鲜持久，人们开始在容器中加水养花。

花树绿釉陶盆

隋唐时期，插花逐渐褪去宗教色彩，更多地融入到了日常生活。宫中插花盛行，程序也更为系统规范。每年夏历二月十五的花朝节，各地都会举行花会，赏花成为全民盛会。

五代十国时期，战事不断，政治不稳，社会动荡，文人纷纷远离政治而选择隐居避世，他们寄情于插花，自然洒脱，形式不拘一格，花材、器具与摆放方式都更为丰富。风格自由无拘的自由花在此时出现。

宋代是插花艺术发展的鼎盛时期，插花不再专属文人雅士，也进入到普通人的日常生活。此时插花的地位得到极大提升，成为"四司六局"[1]的重要内容。宋代理学盛行，文人常借插花表达人生感悟，花材多选用上品，花器提倡古董器物，形式以盆花为主，构图追求清疏的线条美，理念花在此时出现。宋代插花注重保持花材的自然美与生命力，以插花来体现人生追求，后来的花道即秉承了这一传统。

虢庄王李凤墓壁画
中执花携瓶的侍女

元代，由于战乱、政治等原因，文人雅士纷纷隐居山林，插花艺术也仅能在逆境中保存一线生机。元代文人怀念宋人复古和伤感的文化气息，插花艺术也充满了同样的色彩，用于抒发怀旧情感的心象花出现。

明初，朝廷规定花草应用于民间生活，而非只属于达官贵人的奢侈享用，从而插花风气在民间流行起来。明代插花不再一味追求奢靡或高雅、贵气，更加注重平凡、简约，符合大众审美要求，一大批插花专著问世，插花理论日渐完善。

清初，插花仍沿袭明代风格的同时有所变化，宫廷插花高雅，民间插花极为繁盛。清末、民国直至20世纪60、70年代，因种种原因，插花走向衰落，花艺出现了百年的断层。

---

[1] 南宋官府贵家设四司六局，为盛大宴会供役。四司指帐设司、厨司、茶酒司、台盘司，六局指果子局、蜜煎局、菜蔬局、油烛局、香药局、排办局。

元·张中《太平
春色轴》（局部）

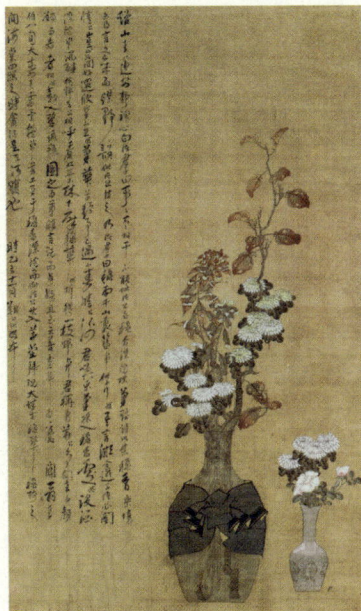

明·陈洪绶《瓶花图轴》

清·郎世宁《午瑞图》

20世纪80、90年代以来，中国传统文化复兴带来了插花艺术的全面复苏，一大批有识之士正在努力复兴这一历史悠久的文化艺术，源远流长的中国插花艺术再一次蓬勃发展。

中国传统花艺的特点

中国传统花艺崇尚自然朴素、雅致内秀，追求深刻的内涵，具有如下特点：

1. 用花量少，色调统一

中国传统插花用花往往仅一两枝，且多选用和谐融洽的色调，插花时保持花枝原本的形状，追求天然神韵。

2. 追求线条美，多为不对称构图

中国传统插花多选用有自然特色的花枝，以求生动别致、趣味盎然。构图方式趋向于灵活多变的不对称式，以求朴素简洁、清雅灵动。

3. 崇尚自然，表达思想

中国传统插花崇尚"道法自然"和"天人合一"的思想，以原生自然形态为佳，并在插花中赋予一定的思想文化内涵，或是代表吉祥如意的美好祝愿，或是表达插花者自身高尚的品格和审美情趣。

【生活如诗】

楚辞·山鬼（节选）

战国·屈原

若有人兮山之阿，被薜荔兮带女萝。

既含睇兮又宜笑，子慕予兮善窈窕。

乘赤豹兮从文狸，辛夷车兮结桂旗。

被石兰兮带杜衡，折芳馨兮遗所思。

赏阅：

仿佛有美人经过山路的拐弯处，身披薜荔腰束女萝。含情脉脉，笑容美好，（美人似乎说）料你会爱慕我的娴静貌美。（美人）乘坐皮毛呈赤褐的豹，跟着毛色有花纹的狸，以辛夷木为车，用桂花扎起彩旗。（我）身披石兰，腰束杜衡，折一枝芳香的鲜花赠与思慕的美人。

《九歌·山鬼》选自《楚辞》，山鬼即山神。本诗是祭祀山鬼的诗歌，并将其描述为一位美丽多情的少女，诗中出现了佩花、赠花等原始花艺形态，充满浪漫的色彩。

屈原（约前340—约前278），名平，字原，丹阳（今湖北秭归）人，战国时期楚国诗人、政治家，曾任左徒、三闾大夫等职。屈原学识渊博，力倡彰明法度、举贤授能的清明政治，后遭人谗害，顷襄王时被放逐。后来都城被秦兵攻破，他既无力挽救楚国危亡，又深感政治理想无法实现，遂投汨罗江以明心志。他创造出骚体，语言华美，想象丰富，融合神话传说，抒发热烈情感，句法参差错落，语言一唱三叹。有《离骚》《天问》《九歌》《九章》。

【艺海拾贝】

殊不知草木欣欣向荣，非止耳目堪娱，亦可为艺草植木之家，助祥光而生瑞气。

——清·李渔《闲情偶寄》

赏阅：

竟不知道草木生长茂盛，不止视觉、嗅觉、听觉能感到愉悦，也可为种植草木的人家增添祥和、嘉瑞。

李渔（1611—1680），字笠鸿、谪凡，号笠翁，浙江兰溪人，明末清初文学家、戏曲家、美学家。李渔工诗文，尤以戏曲、小说名世。有《笠翁十种曲》《闲情偶寄》等。

【乾坤通识】

原始花艺形式

中国传统插花艺术源于民间，最开始的花艺还未将花插入容器内，只是简单的手持鲜花或佩戴于衣帽、发髻等处。

持花　敬畏自然的先秦人认为鲜花可以带来平安、增加魅力，经常通过赠花表达情感。《诗经·国风·郑风·溱洧》中记载："溱与洧，方涣涣兮。士与女，方秉蕑兮。女曰'观乎？'士曰'既且。''且往观乎！'洧之外，洵讦且乐。维士与女，伊其相谑，赠之以勺药"，讲述的就是先秦人手持鲜花用于祭祀、赠送的故事。

佩花　人们佩戴鲜花可以为自己增添魅力。如《楚辞·山鬼》中，"被薜荔兮带女萝"讲的是美人佩花以增添姣美的姿色，"被石兰兮带杜衡"讲的是男子佩花以增添自己的气质，从而引起美人的关注。

簪花　南北朝时期，佛教文化对中原的影响日益增强，加之唐代统治者的推动，簪花开始盛行。唐宋时期，皇帝赐戴御花还成为一种宫中礼仪。宋代男子簪花习俗达到鼎盛。到了元代，簪花习俗渐渐衰落。

【知学思考】

1. 原始花艺形式与现在常见的容器插花有什么一脉相承之处？
2. 读《闲情偶寄》中的名句，说说种养植物对家居环境有什么好处。

【知行合一】

1. 了解花艺的历史渊源，体会花艺的文化内涵。
2. 吟诵屈原的《楚辞·山鬼》，学习古代文人浪漫主义的生活情趣，举例说明现代社会哪些方面依然存在原始花艺形式。
3. 选择两三种你喜欢的花养在家中，为它浇水、施肥、修枝，享受它在发芽、成长、含苞、开花整个过程给你带来的喜悦，感受花卉为你的家庭增添的生态气息和生活美学情趣。

第十三课 花器花目
—— 唯有牡丹真国色，花开时节动京城

万卷书

明代时期，安徽亳州有位名叫欧阳搏云的书生，出生于官宦之家，但出生不久，家道逐渐衰落，最后竟然到了家徒四壁、贫困潦倒的地步。虽然生活艰苦，他还是坚持刻苦读书，立志将来考取功名为国家出力。

尽管欧阳搏云念书很认真，科举时却连年落榜。就在他灰心丧气之时，邻居一位老先生好心地提醒说："你学习很刻苦，但功底太差了，还需要再读上万卷书，打好基础才有机会考取功名。"欧阳搏云听了老先生的话，下定决心要读上万卷书。从此，他每天不停地抄书读书，只想早日考取功名。可家里实在太穷了买不起纸，于是他就把书抄在自己家的墙壁和门板上，等写满了读懂了就用水洗去墨迹再继续写。实在太累了就去后院散步以缓解疲劳。后院有一株多年没有开过花的牡丹。有一次，他正在散步时，无意中发现这株牡丹居然开花了，惊喜之余，突发灵感，回屋取来笔砚，把牡丹花重重叠叠的花瓣作为纸来抄书。这时，正巧被隔壁的老先生看见，他大为赞叹，称牡丹为"万卷书"。经过不懈的努力，欧阳搏云终于考取了功名。从此，牡丹"万卷书"的雅号很快在社会上流传开来。

【基础知识】

花器与花目品类

插花中，插花器具与花品类的选择非常重要，好的花器被称为花的"金屋""精舍"，可见其对于整个插花作品的影响力，而花目更是君子用以比德的对象。

1. 花器

花器，是指供花材插置并容纳水分的器具，被视作花屋。花器不仅是花的容器，更能与花形成审美整体，互相照应，所以花器的选择是插花的首要环节。花器种类繁多，从质地上分，有陶、瓷、铜、锡、木、玻璃等；从样式上分，有盆、瓶、盘、壶、筒、篮等。

花器的选择，需要考虑到季节、地点、花类、插花者心理等多种因素。如，初春、寒冬季节，天气寒冷，瓷器容易冻裂，而铜器不仅结实，还有较强的水气吸附与杀菌防腐作用，利于花的绽放与保鲜。花器的大小要根据具体空间而定，宽敞的厅堂适宜高大敦厚的花器，精巧的书房则适宜短小精致的花器。

花器的选择要考虑实用性，重心要稳，口径要小。同时要考虑文化因素，古代雅士常以古董作为花器，不仅因为埋藏在地下多年的器物有深厚的土气，宜于花草的保鲜，而且更能显示文化底蕴。

明·陈洪绶《调梅图》（局部）　　　　　明·青花牡丹兽耳长颈瓶

2. 花目

花目，是指插花的主要品类。根据宋代张翊《花经》中对于花的排序，大致有"九品九命"八十一种。

一品九命，即梅，腊梅，兰，牡丹，细叶菊，水仙，滇茶，瑞香，菖阳；二品八命，即蕙，酴醾，海棠，宝珠茉莉，黄白山茶，岩桂，白菱，松枝，含笑，茶花；三品七命，即莲，竹，芍药，千叶桃，丁香，蜀茶；四品六命，即山矾，夜合花，赛兰，蔷薇，秋海棠，锦葵，杏，辛夷，千叶榴，佛桑，梨；五品五命，即玫瑰，蕾卜，紫薇，金萱，忘忧，豆蔻；六品四命，即玉兰，迎春，芙蓉，素馨，柳芽，茶梅；七品三命，即金雀，踯躅，枸杞，金凤，千叶李，枳壳，杜鹃；八品二命，即千叶戎葵，玉簪，鸡冠，洛阳，林禽，秋葵；九品一命，即剪春罗，剪秋罗，高良姜，石菊，牵牛，木瓜，淡竹叶。

在众多的花目中，十种独具中国历史文化特色的花目，被人们约定俗成地称为中国十大名花：梅花高洁，兰花幽雅，牡丹雍容，菊花清洁，荷花清雅，月季艳丽，杜鹃繁华，茶花娇美，桂花芬芳，水仙玲珑。十大名花各有品格，充满中国传统文化内涵，深受人们喜爱。历代文人常比德于花，用品德高尚的花目作为表达自我情操的媒介，对他们来说花目早已不仅仅是花的品种分类，更是插花者人品的象征。

以上仅仅列举几种有代表性的花。鲜花的品种数不胜数，而根据不同人不同的审美，对于鲜花品第的排列也各有不同。但由于季节、价格种种原因，花的品种往往不能得全，所以也可以采取身边易得的品种，不必过分追求品第高的花，有时田野里常见的花也有着独特的自然美。

【生活如诗】

赏牡丹

唐·刘禹锡

庭前芍药妖无格，池上芙蕖净少情。
唯有牡丹真国色，花开时节动京城。

赏阅：

庭院前的芍药花妖艳无比却格调不高，池塘中的荷花洁净却缺少热情。只有牡丹花花色卓绝、艳丽高贵，是真正的倾国之色，花开时整座京城都为之轰动。

本诗通过抑彼扬此的反衬之法来赞扬牡丹，巧妙生动。前两句用芍药与芙蕖来衬托牡丹的"真国色"，突出了牡丹妖、格、净、情的品质；后两句笔锋一转，从正面描写牡丹，用引起的轰动赞颂她的国色天香。

【艺海拾贝】

入春为梅，为海棠；夏为牡丹，为芍药，为石榴；秋为木樨，为莲、菊；冬为腊梅。

——明·袁宏道《瓶史》

赏阅：

（选择花材）进入春天是梅花、海棠；夏天是牡丹、芍药、石榴；秋天是桂花、莲花、菊花；冬天是腊梅。

袁宏道（1568—1610），字中郎，号石公，公安（今属湖北省）人，明代文学家，官至吏部郎中。袁宏道的作品真率自然，独具一格，其小品文尤受人推崇，与兄宗道、弟中道并称"三袁"。有《袁中郎全集》《瓶花斋集》等。

【乾坤通识】

花材养护

花脱离枝干后便开始枯萎，为了延长花期，需要一些特殊手法预先对花材进行处理，处理方法主要有切口灼烧法、切口浸烫法、增大切口法等。

切口灼烧法 这种方法适用于含乳汁及多肉的木本花材，切口处在火上烧至碳化，就能减少茎内组织的流失，也可以防止切口被乳汁堵塞。灼烧时要注意保护好花朵与叶片，用潮湿的毛巾或纸包住。

切口浸烫法 这种方法适用于含乳汁而吸水性差的草本花材，切口处浸入沸水至发白，随后立即取出放入凉水中冷却。浸烫时的注意事项与切口烧灼法相同。

增大切口法 增大切口是为了扩大切口面积，增加吸水量，以延长新鲜期。增大切口有三种常见的具体方法：将切口斜剪成马耳形状；将花梗末端纵向切开后，于劈开处夹一小木块或小石子；直接将花梗末端击碎。

除以上三种常见的花材处理方法外，还有疏叶法、泥蜡封窍法、水中剪切法、浸涂白醋、盐水法等等，采用什么方式要具体根据花材的种类而定。

【知学思考】

1. 花器与花目的多样性对于花艺有什么意义？
2. 读《瓶史》中的名句，了解选择花材时的注意事项。

【知行合一】

1. 了解常见的花器与花目，懂得花器、花目的选择和搭配。
2. 吟诵刘禹锡的《赏牡丹》，感受不同花卉的特性。梅花高洁、兰花清幽、牡丹雍容、荷花净美、菊花静寂……周末常去野外走走，观察当季都有哪些鲜花，它们各自的特色是什么，然后通过诗歌、散文或日记的方式与朋友分享。
3. 挑选一种符合自家装修风格的花器，并插上几枝花，按不同时令选择花目，悉心呵护，感悟花艺所带来的生态气息与生活美学情趣。

第十四课 插花流程

——胆样银瓶玉样梅，此枝折得未全开

【历史典故】

兰菊丛生

罗含是东晋时期的思想家、哲学家、文学家、地理学家，年轻时就是一位志向高远的才子，他的《湘中记》三卷，是东晋地记的代表作，是后世修志的范本，是中国山水散文的先导之作。

罗含为人正直，担任江夏郡从事时，与当时担任江夏太守的谢尚志趣相投。后来又做了将军桓温的参军，深得桓温器重。但当时朝廷中殷浩与桓温抗衡，谢尚属于殷浩派系，桓温为了打击殷浩的势力，就让罗含去江夏搜集谢尚犯下的过错，作为弹劾的证据。罗含来到谢尚的家中，并未直说自己前来的目的，只是与谢尚喝酒聊天，几天后即离开江夏。桓温问罗含搜集到了什么，罗含却问桓温："你认为谢尚怎么样？"桓温答道："胜过我。"罗含又说："既然胜过你，又怎会做不好的事呢？"桓温立即明白罗含是在保护好友，感叹他的才智与情义，也不再深究。

罗含做官时，生活简朴，任荆州别驾时，曾在城西郊的小洲上盖了一所茅屋，伐木做床，编苇为席，穿着平常的衣服，吃着自己种的蔬菜。罗含年老后辞官归乡，朝廷加封他为中散大夫，赐予官舍。相传，就在他逝世前几天，官舍庭院中的兰花与菊花忽然一齐开花，芳香满宅，美不胜收。兰花象征典雅，菊花象征高洁。唐人李商隐《菊》诗云："陶令篱边色，罗含宅里香。"陶潜是山水田园诗歌的鼻祖，罗含是中国山水散文的先驱，他们都因自己高尚的人格风范和高超的文学造诣受到后世的景仰。

【基础知识】

插花的基本流程

完成插花作品立意构图之后，就可以进入折枝与插贮步骤。一枝姿态优美的花枝几乎可以决定整件插花作品的风格，而插贮方式也有许多讲究，需要琢磨思考，勤加练习。完成后，还需要悉心滋养，让鲜花保持更久的生命力。

1. 折枝

折花枝是插花的重要步骤，折枝的时机与花枝的品相都很重要。选择新鲜的花朵，最好是清晨刚从枝头上折、剪下来的，此时的空气湿度大，鲜花水分消耗少，水分、营养都比较充足。此外，还要尽量挑选带有一部分花朵、一部分花苞的鲜花，因为完全开放的花水分蒸发快，而花苞则涵养着水分和营养，能够存活得更久。折取花枝也要有正确的方式，以保持花枝原本的形态，延长花的寿命。柔软的花枝用手折，坚硬的花枝用刀剪。折、剪花时要快速，以免对花梗造成大的损伤。选择花枝品相，需要插花者的审美能力。花枝应选取参差错落、疏密有致，或上部繁芜下部瘦削，或左右高低不一，或下垂弯曲，或一条枝干尤为突出的。总之，花枝要别致独特，保持自然神态。

2. 插贮

花与花器的搭配十分讲究，不同质地、不同形状、不同颜色或不同大小的花器都会影响作品的整体风格与所蕴含的寓意。插花时突出的是花而非花器，花材少时不显单调，花材多时不显杂乱，整体布局要上轻下重、上散下聚、高低错落、疏密有致、仰俯呼应等，以体现出插花者的诗情"花"意。

中国传统插花追求简洁清雅。客厅里的插花，要略显雍容大气；书房内的插花，要讲究纤细雅致。若仅插一枝，就尽量选择形态曲折、奇特的花枝；若插两枝，就需将两枝花枝分出高低，但不可太生硬，要让人感觉仿佛是生长在同一枝干上。花枝可用麻丝、棉线或其他不显突兀、非化纤类的材料固定，尽量不人为地改变花的天然姿态。

形态别致独特的花枝

搭配合宜的插花

【生活如诗】

赋瓶里梅花

南宋·杨万里

胆样银瓶玉样梅，此枝折得未全开。

为怜落莫空山里，唤入诗人几案来。

赏阅：

形状像悬胆的银瓶中插着美玉般清丽洁美的梅花，折来时花朵还尚未全部绽放。因为怜惜它在幽深的山中寂寥孤独，便呼唤到书桌之上与诗人为伴。

本诗表面上写的是瓶中所插的梅花，与文人的书房相得益彰，实际上是作者将梅花作为知己，相约书房红袖添香，促膝谈心。宋代的文人插花蔚为流行，既是装点环境，也是文人内心的写照，表达的是人与花两厢欣赏，互为精神慰藉的生态情怀和艺术情趣。

杨万里（1127—1206），字廷秀，号诚斋，吉州吉水（今属江西省）人，南宋诗人，曾任国子博士、太子侍读、宝谟阁直学士等职。他的诗摆脱了江西诗派脱离生活，只在字句韵律上着意锻造的风气，形成了具有鲜明生活气息、对后世影响颇大的"诚斋体"。有《诚斋集》等。

【艺海拾贝】

折取花枝，须得家园邻圃，侵晨带露，择其半开者折供，则香色数日不减。

——明·张谦德《瓶花谱》

赏阅：

折取花枝，须在家中庭院或邻近花圃中，天快亮时还带着露水，选择其中只开了一半花的折取而插，花的香气与颜色可以几天都不减损。

张谦德（1577—?），字叔益，号米庵，江苏昆山人，明代学者。有《瓶花谱》《茶经》等。

【乾坤通识】

滋养与花忌

插花作品完成后要悉心养护，水与环境的选择都非常重要。此外，还要摒除花忌，尽量延长花期。插花用水必须干净，采用山泉或流动的没有污染的溪水为佳，经沉淀后的自来水也可用，但不能用静止的井水，更不能用池塘里的水养花。有些花不宜用清水滋养，如梅花、水仙等要用盐水养，牡丹、芍药等要用蜂蜜水养，芙蓉、金凤等要用凉开水养。花的滋养方法不能一概而论，只有弄清各种花的特性，才能延长其寿命。插花的水会孳生细菌，所以需要每天更换。还需要注意的是，花需要新鲜空气，不能将花长期放在密闭的空间中，晚上要将它移到户外没有风的地方，让花受到潮湿空气或露水的滋养。另外，还要避免接触油污、香火、烟尘、火熏等。前人总结出一套常用的插花保鲜方法：

梅花 剪口切成十字形，然后插入淡盐水花器中。

牡丹 先用热水浸切口，然后插入蜂蜜水花器中。

荷花 折下后立即用泥塞住气孔，再插入淡盐水花器中。

秋菊 在其剪口处涂上少许薄荷溶液，再插入清水花器中。

水仙花 插养在浓度为千分之一的淡盐水花器中，保持花形。

百合花 插入糖水花器中，保持甜香之感。

山茶花 插入淡盐水花器中，延长花期。

蔷薇花 剪口处用火烫一下，再插入清水花器中。

杜鹃花 切口用锤击扁，然后在水中浸两个小时，再插入清水花器中。

【知学思考】

1. 你认为花艺流程中最重要的是什么？花枝的选择应遵循什么原则？

2. 张谦德曾在《瓶花谱》的开头说"幽栖逸事，瓶花特难解"，瓶花为什么难以领悟？

【知行合一】

1. 了解花艺的流程，懂得养护瓶花的方法。

2. 吟诵杨万里的《赋瓶里梅花》，感受宋代文人的雅致生活况味和审美情趣。学会插花艺术，将花瓶放置在书房里，使自己每日与书籍和鲜花为伴。

3. 按照折枝、插贮的步骤尝试插花练习，完成后用心滋养，闲暇时多进行插花练习，并拍摄自己的每一件插花作品，以留下美好的记忆，同时可将照片发送到朋友圈中，与好友共享花艺的自然之美。

第十五课 插花欣赏

——酒涵花影红光溜，争忍花前不醉归

【历史典故】

海棠诗社

《红楼梦》中有这样一个故事：初秋时节，住在大观园里的年轻公子、闺秀们闲来无事，贾探春突发奇想，提议大家建立诗社。因为当时正好有人送来两盆白海棠花，就将诗社取名为"海棠诗社"。

海棠诗社成员有薛宝钗、林黛玉、史湘云、贾迎春、贾探春、贾惜春、贾宝玉及李纨，李纨为社长，负责评诗，贾迎春与贾惜春为副社长，一人出题，一人监场。第一次开社以白海棠为题，限"门""盆""魂""痕""昏"为韵，时间以一枝"甜梦香"为限。期间，大家都在认真思索，唯独黛玉或抚梧桐，或看秋色，或又和丫鬟们玩笑，看似漫不经心，时间快要结束时却一挥而就。

李纨虽不善作却善看，又最公道，先看探春的稿上写道："斜阳寒草带重门，苔翠盈铺雨后盆。玉是精神难比洁，雪为肌骨易销魂。芳心一点娇无力，倩影三更月有痕。莫谓缟仙能羽化，多情伴我咏黄昏。"

次看宝钗的是："珍重芳姿昼掩门，自携手瓮灌苔盆。胭脂洗出秋阶影，冰雪招来露砌魂。淡极始知花更艳，愁多焉得玉无痕。欲偿白帝凭清洁，不语婷婷日又昏。"

又看宝玉的是："秋容浅淡映重门，七节攒成雪满盆。出浴太真冰作影，捧心西子玉为魂。晓风不散愁千点，宿雨还添泪一痕。独倚画栏如有意，清砧怨笛送黄昏。"

宝玉说探春的诗好，李纨推宝钗的诗有身份，大家又来看黛玉的，只见黛玉写道："半卷湘帘半掩门，碾冰为土玉为盆。偷来梨蕊三分白，借得梅花一缕魂。月窟仙人缝缟袂，秋闺怨女拭啼痕。娇羞默默同谁诉，倦倚西风夜已昏。"

众人都说黛玉的诗好，但社长李纨评说，黛玉的诗风流别致，但宝钗的诗含蓄浑厚，更胜一筹。

【基础知识】

插花与审美欣赏

　　审美因人而异，对于同一件插花作品的评价也会不同，所以古人定下具体规则来公平公正判定插花作品。首先，构图比例协调，造型优美。中国传统插花艺术一般花枝较少，造型追求自然清趣，构图多为不对称式，追求诗意的自然境界。其次，花与器的搭配、花材之间色彩的搭配和谐美观。插花作品还要配合整体环境，以体现整体的和谐。再者，创意新颖深刻，主题表达明确，思想丰富深邃。充分利用花材的象征意义，以突出插花者的情趣。然后，花材没有明显的被修剪弯折的痕迹，新鲜有生机。花材尽量选用高洁素雅、寓意深远的木本植物，保持花枝的天然姿态和精神风貌，追求绘画一般的线条美。最后，花与器的选择都要尽量突出主题，包括花的文化意义与自然形态，都要具有创意与思想内涵。

和谐美观的插花　　　　　　　　　夏季竹荫中的插花

赏花事宜

　　经常赏花有利于审美情趣的养成和审美水平的提高。插花的欣赏常见的有茶赏、谈赏与酒赏。品茶赏花最为清雅，要选择佳茗和雅致的茶席；清谈赏花，应谈论风雅之事，吟诵和创作与花相关的诗文；喝酒赏花在历代诗词中十分常见，唐代文人时兴飞花令，适合于人数较多的大型聚会。此外还有曲赏、图赏、琴赏等，均以与花相关的文化为主题。

　　赏花的时机也很考究，春天适合于温度微冷的晴天，在精致的庭院中赏花；夏天适合于雨后，略有凉风，在树荫下或临水的亭榭中赏花；秋天适合于月夜或黄昏，在寂寥高爽的户外赏花；冬天适合于刚刚下雪或是雪停时，在温暖而窗户透明的室内赏花。另外，在赏花时切忌触摸花瓶，更不能折弄花，避免出现与环境不和谐的语言和行为。

【生活如诗】

插花吟

北宋·邵雍

头上花枝照酒卮，酒卮中有好花枝。

身经两世太平日，眼见四朝全盛时。

况复筋骸粗康健，那堪时节正芳菲。

酒涵花影红光溜，争忍花前不醉归。

赏阅：

插在头上的花枝光照酒杯，酒杯中也映照着这美丽的花枝。我已历经六十年太平日子，亲眼见证了四朝盛世。何况筋骨如今还算健康，更遇上百花盛开芳香四溢的时节。美酒中包含着花影，红光流溢，怎舍得不在美丽的花前大醉一场就归去呢？

作者经历了四朝文化繁荣、和平富足的生活，本诗表现其内心的欢愉。插花被宋代文人视为人生闲事之一，男子簪花的风尚也在宋代达到顶峰。

邵雍（1011—1077），字尧夫，自号安乐先生，谥康节，共城（今河南辉县）人，北宋哲学家，隐居于苏门山百源之上，后人称为百源先生。邵雍与周敦颐、张载、程颢、程颐并称"北宋五子"。有《伊川击壤集》《皇极经世》等。

【艺海拾贝】

茗赏者上也，谈赏者次也，酒赏者下也。

——明·袁宏道《瓶史》

赏阅：

喝茶赏花是上等，清谈赏花居其次，饮酒赏花为下等。

【乾坤通识】

品　瓶

瓶式插花流行于明代，现代插花也大多以瓶作为容器。一个合适的花瓶对于插花的整体审美至关重要。

花瓶不能选择有环的，也不能成对摆放，因为这样的设计不仅太过沉稳、对称，体现不出插花的自然之趣，还因为与神祠相像，犯触忌讳。也不能选择重心不稳的器型，如葫芦瓶等。

摆放在家中的花瓶一般以细瘦为美，宁小勿大，高度 20～40 厘米的尺寸为佳。公共场合的插花就可以选择大型花瓶，插梅花也适合用高大的花瓶，另外像牡丹、荷花一类花形较大的花，也需采用稍大的花瓶。具体来说，插花的瓶要重心平稳、大小合适、器型优美，适合插花的瓶有胆瓶、一枝瓶、耆草瓶、鹅颈瓶等。

【知学思考】

1. 赏花有哪些注意事项？什么样的插花作品会得到人们的喜爱？

2. 读《瓶史》中的名句"茗赏者上也，谈赏者次也，酒赏者下也"，说说你对这句话的理解。

【知行合一】

1. 了解插花欣赏的知识，知道赏花的一般常识。

2. 吟诵邵雍的《插花吟》，体会宋代男子簪花的风尚。尝试在自家的宴会上配置插花，以增添生态情趣与美学韵味。

3. 吟诵"偷来梨蕊三分白，借得梅花一缕魂"，说说林黛玉写出了白海棠怎样的特色。

4. 欣赏插花作品，感受美好和谐的插花作品对心灵的陶冶，以此培育自己的审美情趣。

第十六课　花艺与生活情趣

——道是渠侬不好事，青瓷瓶插紫薇花

【历史典故】

插花盛会

宋代，文人雅集聚会盛行插花。当时欧阳修与苏轼师生二人在文坛齐名，并称"欧苏"，两人的私下交往密切，有着许多共同爱好，尤其是插花与赏花。

欧阳修在扬州做太守时，每年夏天都会邀请客人到风景清幽的平山堂中聚会，除了置下好酒、好茶之外，还会派人采来许多荷花，用花盆插荷，随后让在座宾客与歌伎做传花的游戏以助诗兴、酒兴。他还曾作诗《答通判吕太博》记录这样的盛况："千顷芙蕖盖水平，扬州太守旧多情。画盆围处花光合，红袖传来酒令行。"

其实，扬州以芍药闻名天下，荷花并不著名，反倒是后来苏轼来到密州任知州时，每年的四月大会在南禅与资福两座寺庙外摆满插芍药的花瓶，既是为了供佛，也是为了赏玩。成千上万的芍药花把两座寺庙装饰得华美端庄，其中白色的芍药花尤其突出，苏轼曾作《玉盘盂》以咏此事："杂花狼藉占春余，芍药开时扫地无。两寺妆成宝璎珞，一枝争看玉盘盂。"

从欧阳修与苏轼主持的两次插花盛会，我们可以感受到宋代文人对插花艺术的热爱。

【基础知识】

花艺与生活情趣

学习插花，不仅能够丰富我们的生活，美化生活环境，还能提高我们的审美品位和情趣。

1. 增加雅致气氛

花的清净与美丽给人平静舒适之感，一件充满生态气息和艺术韵味的插花作品，能够为家居环境增添自然妙趣，让人忘记繁忙与劳碌，静心享受安宁。与友人聊天时，一件插花作品不仅改善了环境，还能突出主人的审美品位，让宾客们享受审美所带来的快意。

2. 拉近人际关系

鲜花与茶叶、字画、文房四宝、工艺品一样，是一种不落俗套的礼物，历来被人们称为雅礼。赠送鲜花的习俗自古就有，传说春秋时有赠梅的风气。越国的使节出使梁国，在觐见梁王时，他手执一枝梅花作为见面礼。当时梁国的大臣们很不理解，认为献给堂堂一国之君的只是一枝梅花，实在不符合礼数。其中有一位见多识广的大臣禀告梁王，在越国，"梅"象征坚贞不渝的情谊，赠梅是文人和使者常用的极为高雅的礼节，于是，梁王欣然收下"雅礼"。"予人玫瑰，手有余香"，赠花所带来的美感是双方的，能显示主客双方的雅趣，拉近人际关系。

3. 陶冶情操

插花是修身养性之道，是艺术创作之道，也是人与自然和谐共处之道。插花要求插花者心态平和、思想专注、行为文雅，有生态情怀和审美情趣。不同的插花作品，或象征高洁，或象征坚毅，或表现清丽净美，或表现雍容高贵……可以说，插花的过程就是人与花亲密对话的过程，心与心交流的过程，彼与此互为欣赏的过程。

4. 提高文化修养

插花结合了许多其他文化，充满诗情画意，所以学习插花，能够让人迅速提升各方面的文化素养。

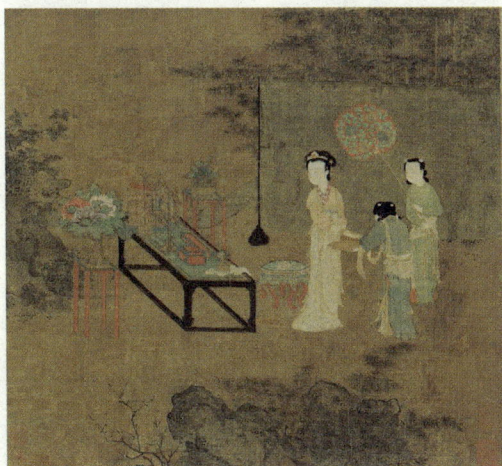

南宋·佚名《盥手观花图》

北宋·苏汉臣《妆靓仕女图》

【生活如诗】

道旁店

南宋·杨万里

路旁野店两三家，清晓无汤况有茶。
道是渠侬不好事，青瓷瓶插紫薇花。

赏阅：

乡间道路旁边有两三家茶馆，天刚亮还没有烧热水，更不用说煮茶。要真说老板不会做事，却又在青瓷瓶中插着紫薇花。

本诗描写了天刚亮时一家乡村野店热水还未来得及烧，却早早摆上了一瓶插花。这普通的场景体现出宋代举国插花的风尚，不仅皇室与文人喜爱插花，普通人也会插花，生意人更是用插花增添店的自然情调，以招徕顾客。

【艺海拾贝】

烧香点茶，挂画插花，四般闲事，不宜累家。

——南宋·吴自牧《梦粱录》

赏阅：

焚香、点茶、挂画、插花，不过是四种闲暇时做的事情，不宜过于痴迷而败了家业。

吴自牧（1161—1237），宋末元初钱塘（今浙江杭州）人。有《梦粱录》。

【乾坤通识】

中国花艺的文化内涵

中国传统插花融汇儒、道、佛三家思想，崇尚天然，构图追求高低错落、参差有致，主题彰显清新雅致、高远深邃。明代造园家计成在《园冶》中写道："虽由人作，宛自天开。"将花视为有灵性、有情感的物体，追求天然多变，富有趣味，强调体现花的自然形态，反对人为造作。这就是中国传统插花艺术的境界。

中国历代文人多寄情于山水花草的情趣，赋予各种花草以人格意义，如梅花之坚贞、兰花之清雅、荷花之纯净、菊花之高洁，所以插花作品往往体现着插花者自己的情志。中国花艺还通过象征与谐音追求各种吉祥寓意，如荷与"和"谐音，象征着和睦、和谐、和平，其果实莲子与"连""子"谐音，象征子子孙孙，连绵不绝；竹的形态高挺、有节、空心，象征君子举止谦谦有礼、品格高尚。花木有许多固定的搭配，如松、竹、梅名为"岁寒三友"，梅、兰、竹、菊誉为"四君子"等。总之，内涵越来越丰富的花材除了体现自然美，也赋予了插花作品更多的文化意义，使得插花作品充满诗意。

【知学思考】

1. 花艺有着怎样的文化内涵？查阅资料，找找除"岁寒三友""四君子"之外，还有什么已形成固定形容词组搭配的花草？它们分别有怎样的文化内涵？

2. 读《梦粱录》中的名句，说说宋人为什么要将焚香、点茶、挂画、插花四件事作为闲事。

【知行合一】

1. 知道花艺在生活中的运用。

2. 吟诵杨万里的《道旁店》，感受诗中所描绘的举国爱花的社会风尚。

3. 利用周末时间亲手创作插花作品，摆放在书房里以装扮自己和家人的生活空间，摆放在办公室与同事分享自然之趣和艺术之美。

4. 如有条件，参加一次花会，切身感受花艺的美感，感悟花艺对自身情感的触动。

本单元教学建议

◎**教学目标**

1. 了解中国传统插花艺术的起源、形式以及所用花器与花目。

2. 知道中国传统插花的流程与欣赏方式。

3. 了解有关中国传统插花的故事,知道中国传统插花除了陶冶情操、美化环境之外,还能体现插花者的内心境界与追求。

4. 了解中国传统插花中常用花目的文化含义,体会古人互赠梅花、兰花、玫瑰、柳枝等所蕴含的不同意义。

5. 体会中国传统插花的意义,学会如何更好地养护花木、热爱自然。

◎**教学重点**

1. 插花的基本形式与欣赏方法。

2. 能动手装扮自己的生活空间,提高审美情趣。

◎**教学难点**

掌握插花的基本形式,动手装扮自己的生活空间。

◎**广览博学**

1. 搜索、阅读李渔的《闲情偶寄》。

2. 搜索、阅读袁宏道的《瓶史》。

3. 搜索、阅读张谦德的《瓶花谱》。

4. 搜索、阅读高濂的《瓶花三说》。

第三单元

香艺

本单元概述

　　本单元安排的课程内容和教学目标是：认识香艺，了解香艺的起源、文化内涵、香材、使用器具、用香方式和香道在现代的传承与发扬；通过学习《西国献香》《刁存含香》《梅询熏香》等历史典故，了解有关香艺的趣事，知道香的文化内涵；通过赏阅《香界》《香》《岁暮遣兴》等古诗，明白香有使人宁静安心等的特殊作用；通过理解《礼记》《沉香山子赋》《熏炉铭》《洪氏香谱》《茶录》中的名句，了解香材自身的价值，体会香的丰富内涵以及香与其他文化的融合。

第十七课 香的渊源与文化内涵

——花气无边熏欲醉，灵氛一点静还通

西国献香

汉武帝时期，一位来自弱水以西国家的使者乘着用宽大叶片装饰的车、带着一种叫香的贡品来汉朝进贡。汉武帝自认本国地大物博，并不缺香，也就没有召见他。

有一次，汉武帝去上林苑，这位使者直接献给汉武帝三枚香。汉武帝拿过香一看，三枚香大小如燕卵，外形与枣相似。汉武帝觉得很普通，心中有些不快，收下后也只是随意收放在外库。

几年后，长安城忽然发生了瘟疫，就连宫中也有人染上了疫病，汉武帝非常担忧。就在这个时候，那位使者再一次求见说，只要将自己上次进贡的香焚烧一枚便能解除疫病。汉武帝将信将疑，可当时别无他法，便听从了使者。结果，宫里宫外都能闻到浓郁的香气，香燃尽之后疫气果然消除了，其香气在长安城持续了好几个月。汉武帝这才意识到这种香的珍贵，亲自设宴并备了厚礼感谢这位使者。

【基础知识】

香的演进

中国人用香的历史可追溯到新石器晚期，当时已出现了陶制熏炉，如灰陶竹节纹熏炉。

战国时期，香的使用已较为流行，香炉的制作也颇为精良。但由于与外域的来往较少，先秦时期的香料以各地所产的香草木为主，如兰、蕙、芷等。屈原在《离骚》中说："纷吾既有此内美兮，又重之以修能。扈江离与辟芷兮，纫秋兰以为佩。"人们在很早之前就已经发现了花草的香气具有修身养性的作用。

汉代，与外域的交往密切，许多域外香料在这时传入，大大丰富了香的品种，简单的合香也在此时出现。佛教的传入，也进一步促进了香的发展。上层社会用香风气十分盛行，香具也十分精致，博山炉就是汉魏时期具有代表性的香具之一。

95

灰陶竹节纹熏炉

错金博山炉

　　魏晋南北朝时期，延续了汉代的用香传统，上层社会用香更为讲究。随着佛、道等宗教的发展，香的使用更加广泛。该时期香的品种繁多，合香也更为普及。随之出现了许多专门记载香方的著作，香在养生与医疗方面的使用更为普遍。

　　唐代，经济繁荣，各地进贡香料繁多，香的使用也更为考究奢华，香也成为宫廷礼制的重要组成部分。此时首次出现隔火熏香的方式，熏球（如，鎏金双蜂团花纹银香囊）、炳炉等香具十分流行，香还用于美容、入药等，使用方法愈加多样。

　　宋代，香文化发展到了顶峰，不仅宫中用香普及，民间也颇为流行，将焚香作为风雅之事，节日庆典、雅集聚会，以及品茶、弹琴、看书、书写、绘画等日常雅事都不离香。香的贸易在此时尤其兴盛，香具制作工艺也越发精巧，品香方式有了很大提升，诸多香学大家也在此时出现。

鎏金双蜂团花纹银香囊

南宋·马远《竹涧焚香图》（局部）

　　元代用香继承了宋代传统，线香的出现大大改善了用香方式，许多新香具也随之出现。

　　明初，实行海禁政策，香的发展一度陷入低谷，直至明宣宗时才有所发展。朝廷实行司礼监制度，宦官擅权扰乱了朝政，也严重挫伤了士人从政的热情，许多文人只能在品茗、插花、焚香等风雅生活中寻找精神寄托。明代的香具已有了成套配置，制香方式更为精致丰富，香也更加频繁地出现在文学作品中。

清初，香依旧流行，但不像宋明时期那么注重气韵与内涵。晚清、民国政局动荡，战火连绵，人们对于复杂的用香已失去了兴致。同时，西方香水、化学香料进入市场，我国传统香文化日渐衰落。

20世纪90年代以来，随着传统文化的复兴，人们再次意识到香文化的重要性，在广大有识之士的努力下，这一缕幽香再次飘袅在东方故土上。

香的文化内涵

香是中国传统文化的重要组成部分，从一个方面体现了中华民族的精神内涵与生活追求。香文化历史悠久，千年绵延不绝，其文化内涵也在漫长的岁月中日益丰富。

古人在很久之前就将香用于祭祀，以表达崇敬之心。历朝历代也都沿袭了这一传统习俗，宫中各种礼仪皆离不开香，国家大典、封禅册立以及民间拜谢天地、宗庙祭祖等重要活动都会用到香。

香可用于医疗药用。早在战国时期，人们就开始通过熏香、挂香囊驱邪防病，后来发展出内服、沐浴等方式，可治口臭体臭，使心安体轻。

生活用香是用香的一大方面。熏屋熏衣、宴饮娱乐、节日庆典、雅集艺事等都离不开香。南宋时还专门设立了香药局，并有香铺专门售卖香料。

除此之外，宗教活动需要大量用香，建筑宫殿也用到香材，考场中会设香案焚香以礼待考生。

香能使人身心舒畅，净化心灵。每每看到袅袅的烟雾，闻到幽幽的香气，都能使人心旷神怡，有一种远离尘世、超脱纷扰之感。

【生活如诗】

香　界

南宋·朱熹

幽兴年来莫与同，滋兰聊欲泛光风。
真成佛国香云界，不数淮山桂树丛。
花气无边熏欲醉，灵氛一点静还通。
何须楚客纫秋佩，坐卧经行向此中。

赏阅：

幽雅的兴趣近年来与之前大不相同，（我感觉自己就像）一株兰草浸沐在雨停日出后的和风之中。（由于书房里焚起香）人如同来到佛国香积世界里，这里不亚于当年淮南王刘安所建的种满桂花树的儒林学院。花香弥漫令人陶醉，（感觉自己）身体内部的中气与外界的灵气全都贯通了。我完全不需要缀起秋兰佩带在身上，因为行走坐卧、读书撰文都在芳香的氛围之中。

本诗描绘了一幅宋代文人读书的场景。香烟围绕，静谧安宁，可见香在文人书房中是不可缺少的。

朱熹（1130—1200），字元晦，一字仲晦，号晦庵，徽州婺源（今属江西省）人，南宋哲学家、文学家、教育家，曾任秘阁修撰等职。朱熹博极群书，广注典籍，对经学、史学、文学、乐律以至自然科学有不同程度的贡献。在哲学上集理学之大成，建立了一个完整的客观唯心主义的理学体系，世称程朱学派。有《四书章句集注》《朱文公文集》等。

【艺海拾贝】

男女未冠笄者，鸡初鸣，咸盥、漱、栉、縰，拂髦总角，衿缨皆佩容臭。

——《礼记·内则》

赏阅：

子女还未成年的，听到鸡第一声鸣叫时就要起床，洗手、漱口、梳头并用布帛束发，拂拭垂发然后梳成两个发髻，衣带佩上香囊。

【乾坤通识】

香十德

"宋四家"之一的黄庭坚，不仅是一位文学家、书法家，还是一位香学大家。他所作的《香十德》，高度概括了香的内在特质，对后世的香文化研究影响深远。

感格鬼神 鬼神是指天地间的灵气，香能够与自然中至纯至善的精气发生感应，从而感召来天地灵气。

清净心身 香可以使人的心境清洁干净，不受烦扰。

能除污秽 香不仅能去除环境中的污秽，还能去除人内心的污秽，保养身心。

能觉睡眠 香能固本培元，从而使人得到充足的睡眠。

静中成友 香溢炉暖，袅袅升烟，使人心境愉悦，犹如良友相伴。

尘里偷闲 香可以缓解压力、消除疲倦，人虽在尘世中，但沁心的清香能使身心得到片刻的安宁。

多而不厌 香品种繁多，各有千秋，它可以对应不同的时令、不同的环境、不同的人群、不同的心情，所以拥有再多也不会生厌。但不生厌不等于贪得无厌，随缘才是最好的。

寡而为足　拥有的少也要满足，凡事要讲适可而止，懂得知足常乐。

久藏不朽　香只要保管得当就不会变质，藏得越久，香气越为醇厚。

常用无障　香能调息开窍、洗涤精神，经常处于清香静谧的环境中，能消解郁闷、减少烦恼、开阔心境，使生活变得轻松愉快。

【知学思考】

1. 人是因为什么而开始用香的？香都有哪些作用？

2. 读《礼记·内则》中的名句，说说香是怎样与礼结合起来的。

【知行合一】

1. 掌握香的历史渊源与文化内涵。

2. 吟诵朱熹的《香界》，感受朱熹的用香心境。平时在家里看书写作时焚上一炉香，于香气升腾中感悟香的品德；在办公室、书房里养兰花、菖蒲等有香气的盆花，若有条件，还可在自家露台、花园、水池里栽种兰花、荷花、桂花、菊花、腊梅等香花，享受自然植物的香气给人带来的生态气息和情趣。

第十八课 香材
——沉水良材食柏珍，博山烟暖玉楼春

刁存含香

东汉桓帝时，有一位叫刁存的侍中，有口臭，每次上朝面奏时，桓帝都难以忍受，但他自己却浑然不知。有一次，汉桓帝赐给刁存一块形状如钉子的东西，命令他含到嘴里，刁存不识这是何物，又因含在口中有微微的刺痛感，还以为是皇上赐死的毒药，心里非常恐慌但又不敢吐出来。

刁存以为自己必死无疑，急忙回到家要与亲友告别。这时家里正好来了一位客人，客人觉得事有蹊跷，因为刁存为官称职清廉，一向深得桓帝器重，桓帝不可能无缘无故处死他。于是他让刁存把嘴里的东西吐出来看一眼。刁存吐出了口中的"毒药"，大家闻到一股浓郁的香气，客人仔细一看，顿时笑逐颜开。原来，汉桓帝让刁存含下的是一种珍贵的香材——鸡舌香，只因稀有，鲜有人知。这哪里是惩罚，分明是赏赐啊！

"刁存含香"成了朝中的一段佳话，后来大臣上朝时大多会口含一块鸡舌香，渐渐地还成为在朝为官的代称。

【基础知识】

香材品类

香材有主要香材与配香香材两大类。可以单独品味，并在合香中作为主要成分的即为主要香材；在合香中需要搭配使用的则为配香香材。

1. 主要香材
主要香材通常有沉香与檀香两种。沉香是诸多香材中相当特殊的一种。

瑞香科沉香属的植物在受到深达木质部的伤害后，被真菌侵害，树脂就会产生一种膏状的物质保护伤口，这种物质逐渐淳化出沉香醇，含有沉香醇的沉香木即为沉香。不同的结香时间形成了沉香的不同品质，不同的地理气候、结香位置等形成沉香的不同外形与香味。沉香在汉代时从西域进入中原，因其沉稳静谧的香气，一直备受国人喜爱。檀香树生长缓慢，幼苗娇贵，十分珍贵。檀香香味醇厚，穿透力强，留香持久，但新砍伐下来的檀香气味会有些刺鼻，需置放多年，待气味沉淀后方可使用。

沉香

檀香

2. 配香香材

　　龙涎香是抹香鲸的分泌物，新鲜的龙涎香黑软腥臭，只有经过多年的海水浸泡后才会变硬、褪色，并散发出香气，留香持久。白色的龙涎香品质最好，需经过百年以上的浸泡，漂出杂质才能形成。

　　麝香是鹿科动物林麝、马麝或原麝成熟雄体脐部腺囊中的干燥分泌物，香气极为浓烈。我国是麝香的主要产地，很早就将麝香作为香料和入药。

　　安息香是安息香科植物的树脂，为灰白色或淡黄色的块状物，香气温和圆融。

　　苏合香是金缕梅科枫香属植物所分泌的树脂，也称苏合油，香气芬芳，可行气活血、利水消肿。

　　龙脑香是龙脑香科植物的树脂凝结而成的白色晶体，也称冰片、瑞脑等，十分贵重，且挥发快、气味清凉。

　　丁香是桃金娘科蒲桃属植物丁子香的花蕾。丁香，即鸡舌香，使用时含在口中，香气挥发较快，可提神醒脑。

　　降真香是豆科降香属植物根干部的心材，又名降香、鸡骨香等。降真香的形成方式与沉香相似，香气浓郁微苦。

　　乳香是橄榄科植物乳香树的树脂，香气温雅，留香持久。

丁香

乳香

迷迭香是一种唇形科灌木，香气清新，能够提神。

艾纳，古人用在合香中的艾纳并非现在的菊科植物艾纳香，艾纳本身无味，是制作合香的辅助香料。

【生活如诗】

香

唐·罗隐

沉水良材食柏珍，博山炉暖玉楼春。

怜君亦是无端物，贪作馨香忘却身。

赏阅：

将质量上等的沉香与柏香一起放在博山炉中燃烧，升腾起袅袅香烟，犹如仙人的居所。可怜这些香材也是无知之物，倾情贪恋于散发香气却忘记了顾惜自身。

本诗主题是香，前两句营造了一幅淡雅素净的品香场景，后两句则抒发感慨，表达了作者对香为奉献芳香而牺牲自己的惋惜之情。

罗隐（833—909），原名横，字昭谏，号江东生，杭州新城（今浙江杭州富阳）人，唐代文学家。罗隐的诗歌多应酬赠答、登临写景之作，浅易明畅，用语通俗，诗中常表露怀才不遇的感慨。有《甲乙集》。

【艺海拾贝】

既金坚而玉润，亦鹤骨而龙筋。

——北宋·苏轼《沉香山子赋》

赏阅:

（海南沉香）既像金子一样坚硬，又像美玉一样润泽，还像鹤骨龙筋般嶙峋有灵气。

【乾坤通识】

《香乘》中的香方

《香乘》的作者是明代的周嘉胄，全书共28卷，全面记载了明代以前我国各种香的名品与制作方法，其中的多种香方沿用至今，以下是几个较具代表性的香方。

汉建宁宫中香 黄熟香四斤、香附子二斤、丁香皮五两、藿香叶四两、零陵香四两、檀香四两、白芷四两、茅香二斤、茴香二斤、甘松半斤、乳香一两、生结香四两、枣半斤（焙干），又放入苏合油一两，将以上香料研为细末，用熬炼过的蜂蜜和匀，窨一个多月，制成丸或饼状焚烧。

唐开元宫中香 沉香二两（切碎，用绢袋盛装，悬挂在壶中，加入蜂蜜水浸泡，慢火煮一天）、檀香二两（用清茶浸泡一夜后炒，炒到没有檀香的气味）、甲香一钱、马牙硝一钱，将以上香料研成细末，用熬炼过的蜂蜜和匀，窨一个多月取出，加入龙脑香二钱（单独研磨）、麝香二钱制成丸状。

寿阳公主梅花香 甘松半两、白芷半两、牡丹皮半两、藁本半两、茴香一两、丁皮一两、檀香一两、降真香一两、白梅一百枚，以上香料除丁香皮外，全部焙干研成粗末，放入瓷器窨一个多月，即可焚烧。

【知学思考】

1. 主要香材与配香香材有什么异同？了解常见香材的特性。

2. 读《沉香山子赋》，说说沉香有怎样的品格。

【知行合一】

1. 知道几大主要香材和配香香材的特征，能够大致辨别优劣。

2. 吟诵罗隐的《香》，感受其借香焚烧以表达对人事陨落的惋惜之情。

3. 按照《香乘》中提供的香方，自己亲手制作香丸，然后选择一处环境幽静的处所焚燃，与好友一道感受青烟袅绕、香气飘浮的"仙境"况味。

4. 如有条件，选购一串沉香手串、一串檀香手串，每隔一段时间轮流佩戴，切实感受沉香静谧沉稳、檀香自然醇厚的特色，体会自己内心的变化。

第十九课 香器具

——铜鸭香生风袅袅，竹鸡声断雨丝丝

【历史典故】

宣德炉

明代第五位皇帝明宣宗，即朱瞻基，年号宣德。朱瞻基自幼受到良好教育，不仅能书善画，还懂得鉴赏古文物。当时国家强大，社会安定，经济繁荣。有一次，朱瞻基检视宫内的收藏品后，发现有很多已遗失，就考虑要增添藏品，以福泽后代子孙。他登基后的第三年，南方暹罗国（泰国的旧称）正好朝贡了一批风磨铜矿。于是，朱瞻基下令用此铜铸炉，并亲自监督整个铸造流程，这批红铜共铸造出3000座香炉，以后再也没有出品，这就是历史上著名的宣德炉。

宣德炉是中国历史上第一件用风磨铜铸成的铜器，色泽亮滑，细腻内融。宣德炉以其造型优美适度，铜质精良而深受人们喜爱，有"宝色内涵、珠光外观"之誉。

【基础知识】

古代香具

香器具是用香时所需要的器皿，造型丰富，制作精致。香器具不仅便于焚烧不同类型的香，本身也是精美的艺术品。

香炉可以说是最常见也最早出现的香具，式样材质多种多样。室内熏香在战国时期就已出现，但当时使用的仅是一般烧炭取暖所用的炉。汉代，与西域的来往密切，香的种类也随之增加，既有草木植物类的香，也有树脂类的香。燃烧草木植物类香品的香炉，通常为了能充分燃烧而在炉身的底部设有通气孔，有的炉身较浅，炉盖隆起，炉盖上有多层镂孔。这类炉的容积一般较大，为承接气孔落下的灰烬，通常还设有承盘。而树脂类香品难以自燃，必须放在其他燃料上薰烧，因此，这类炉一般炉身较深，以便放置助燃物。西汉还出现了第一件真正意义上的香具——博山炉，工艺繁复，巧夺天工，极富文化内涵。唐代以后，香炉多呈动物形状。宋代较为流行的是鸭形与狮形的铜熏炉，称为香鸭和金猊。明代的宣德炉是香炉制作工艺的顶峰。历代香炉不仅造型各式各样，材质也有陶瓷、铜、鎏金银器、掐丝珐琅、画珐琅、竹木及玉石等。手炉、香斗等各式香炉的衍生品也相继出现。

鸭型香薰

画珐琅云龙纹圆手炉

熏笼与熏炉配套使用，最早出现于汉朝宫中用于熏衣熏被。较早的熏笼为陶瓷烧制或竹条编成。唐代熏笼尤为盛行，制作也越趋精巧，雕金镂银，巧夺天工。明清时，熏笼的使用更为多样，掐丝珐琅、铸铜鎏金，无不显示出富丽堂皇的气派。

明·陈洪绶《斜倚熏笼图》（局部）

熏球，又称被中香炉。球体内盛放香的部分无论如何转动都能保持平衡，使香不洒，设计精巧实用。

香囊，也称佩帏、容臭等，用于盛放香，可挂佩在身上，也可系在床帐或车辇上。制作香囊是古代女子的一项传统女红，有着深厚的文化内涵，端午节佩戴香囊的习俗沿袭至今。

香盒是放置香的容器，形状各异，材质有玉、金属等，可用作挂件，制作十分精美。

绮地"信期绣"香囊

竹雕海棠式镂空香盒

香盘，又称香台，用于焚香时盛放香，多为木质或金属。

香篆，用来压制香粉的模具，一般由木头雕成，图案多为固定的字型或吉祥花纹，点燃后循序燃尽，在南宋时盛行。

香押，用来整理香灰的造型使用，多为铜质。

香插，是用于插放线香的器具，款式多样，以适用各种不同规格的线香。

香夹，用于夹取香品。

香箸，即香筷，多为铜制，用于夹取香品。

香铲，用来处理香灰，多为铜制。

香匙，用于盛取粉末状或丸状的香品。

香帚，用于清理香具上的灰烬。

【生活如诗】

岁暮遣兴

南宋·陆游

病著愁侵并不支，孤村况遇岁残时。

水轩客散成舒啸，山寺僧来得剧棋。

铜鸭香生风嫋嫋，竹鸡声断雨丝丝。

新诗锻炼功何似，问著衰翁自不知。

赏阅：

病情加重，愁绪侵袭，令我不堪忍受，身处孤零零的村庄，更何况还是年末之时。水轩中的客人已散去，只留下长啸的余音，山上寺庙里的僧人来陪我静静地下棋。鸭形香炉中的香烟随着微风袅袅飘渺，竹鸡不再鸣叫，只有细雨连绵不断。问我新作的诗句推敲得如何，连老翁我自己都不知道。

本诗作于老年，正值年末，雅集结束友人们回家团聚去了，令作者颇觉孤独。寂寥之中只有一位老僧、一缕清香、一场绵绵细雨相伴。诗中的孤村、僧人、棋子、香烟、雨声等意象构成了一个静寂的意境，寥落幽远，耐人品味。

陆游（1125—1210），字务观，号放翁，越州山阴（今浙江绍兴）人，南宋文学家、史学家、书法家，曾任严州知州、秘书监等职。陆游诗、词、文、书法成就都很高，其诗章法谨严，语言平易晓畅，兼具李白的雄奇奔放与杜甫的沉郁悲凉，尤以饱含的爱国热情对后世影响深远，与王安石、苏轼、黄庭坚并称"宋代四大诗人"，又与杨万里、范成大、尤袤合称"中兴四大诗人"。有《陆放翁全集》。

【艺海拾贝】

嘉此正器，崷岩若山。上贯太华，承以铜盘。中有兰绮，朱火青烟。

——西汉·刘向《博山炉铭》

赏阅：

这件上好的器物，峻峭如山崖。炉身像华山，底下用铜盘承接住。其中燃烧着兰绮香，火焰朱红，青烟袅袅。

刘向（约前77—前6），字子政，本名更生，沛（今江苏沛县）人，西汉经学家、文学家、目录学家，曾任谏大夫、宗正等职。有《新序》《说苑》等。

【乾坤通识】

博山炉

博山炉是盖子为山峦形的熏香之炉。我国室内熏香的习俗最晚在战国就已出现，早期的香炉多为陶制的豆形炉，炉身较浅、炉盖较平，做工较为粗糙。西汉时，东南亚一带的香料开始进入中原，这些香料多为贵重的树脂类香料，难以自燃，须置于其他燃料上熏烧，因而熏炉的形制也随之发生变化。原先的豆形熏炉不再适用，博山炉就此产生。

博山炉炉身较深，以便在下部容纳炭火。为了防止炭火太旺，炉身下部的进气孔缩成很窄的缝隙，同时将炉盖增高，轮廓多呈圆锥形，其上再饰以山峦等雕饰。博山炉盖上的山形重叠起伏，山峦云气之间还常雕饰飞禽走兽。盖中有孔，当香料在炉内燃烧时，烟气可从孔中散出，烟雾缭绕。炉座为盘形，有的可以盛水，以助蒸香气。西汉后期，博山炉炉上的花纹以鎏金与鎏银相衬托，华美异常。东汉时，博山炉的炉座常制成羽人形，以头承炉身。魏晋南北朝时，博山炉的制作趋于简率，但炉身、炉盖大体上还保持圆底、圆锥形的轮廓。唐代则多用五足熏炉，炉盖饰以仰覆莲瓣，与博山炉的造型大有不同。

骑兽人物博山炉

【知学思考】

　　1.宣德炉的特点是什么？为什么会一直以来受人喜爱？

　　2.读《博山炉铭》，说说博山炉有着怎样的文化内涵。

【知行合一】

　　1.了解常见的香器具，知道其使用方式。

　　2.吟诵陆游的《岁暮遣兴》，感受其是怎样通过一缕香、一盘棋遣怀的。

　　3.到博物馆欣赏各式各样的香器具，感受其经历史沉淀后的独特韵味。

　　4.如有条件，可到香具店选购一套香具，熟悉其中每一件香具的艺术特色和功用。

第二十课 用香

——一灯如萤起微焚，何时度尽缪篆纹

梅询熏香

梅询是北宋名臣，宋真宗很器重他，君臣常在一起谈论国家大事和人生雅事，视彼此为知己。后来的宋仁宗也非常欣赏梅询，经常传唤他来御书房谈话。后来大家才明白，这不仅是因为梅询才华出众，还因为他喜爱熏香，身上带着沁人心脾的香气，皇帝为了能够经常闻到他熏的新香频频传唤他入宫。

梅询酷爱熏香，每天早上出门前，第一件事就是让书童焚起两炉香，然后将自己的官服展开，两只大袖分别覆盖在两只香炉上，静静等待香气灌满衣袖，再将官服穿上，并将袖口捏紧，不让香气消散。等来到办公处就坐，再缓缓松开袖口，香气慢慢充盈整间屋子。他还经常尝试各种新香，购买各种珍贵的香料，自己亲自调制出一款款新香。当时朝中不管是皇帝还是大臣，都非常喜欢与之交往以一闻新香。当时朝中还有一人名叫窦元斌，与梅询同在翰林为官，为人懒散，不修边幅，常常几个月都不洗澡，与梅询正好形成反差，被人戏称为"梅香窦臭"。

【基础知识】

用香类别

用香，也就是使用香材原料或合香。根据划分标准的不同，用香有不同的分类。根据需求的不同可分为普通人生活所需的"风香"、文人雅士追求精神享受的"雅香"、以及祭祀所用的"颂香"；而根据具体方式来分，则大致可以分为篆香、焚香、焖香、隔火熏香等。

1. 篆香

篆香是用模具将香粉压成某种固定形状，点燃后循序燃尽的用香方法。因为古时制香模具多做成篆体字，所以称之为篆香。篆香，最初在寺庙中用以计时，后来演变成为一种用香方式。唐代时，篆香已广为流行，宋代更为兴盛。明代时，篆香技术已相当发达，操作起来更为简便易行。明末清初，篆香器具更加精致。

篆香，首先要铺灰，香灰要压得平整紧致，可在压好的香灰上再铺一层使用过的香灰，再轻压一遍，以便燃烧时氧气充足；随后是打篆，将香篆模轻轻放在铺好的香灰上，用香匙将香粉小心填入香篆模，要填满压实；最后细心地将香篆模边缘转折处刮平填满，力求整洁平整。焚香时从一端点燃即可。

2. 焚香

焚香是点燃香品后使香气与烟气同时散发出来的用香方法。焚香材料既可以是香材原料，也可以是合香。焚香操作简单，是早期用香的主要方法，但焚香存在烟气重、焚烧时粗糙快速的缺点，近年来已较少使用。

篆香

焚香

3. 焖香

焖香是用炉灰掩埋燃烧着的香粉，使香气透过灰散发出来的用香方法。焖香需要使用较深的筒炉，首先是松灰，使空气充盈，并用香铲挖出一个小洞，称为开火洞，以便入粉。用香匙放入香粉时要先少一些，否则难以燃烧。接着，点燃香粉，并立即用炉灰覆盖，但始终要留出透气口，以免香灭。等到有细微的烟透出，就用洞口的炉灰小心地盖住香粉，并用探针通气，等香气散出，香即已焖好。香粉燃尽后按以上方法续香，下香粉要由少至多，铲香灰覆盖时尽量成圆锥形，还要时刻注意香粉的变色程度，不能使其产生烟雾。

4. 隔火熏香

隔火熏香是香品与火源不直接接触，用隔火片导热使香气散发出来的用香方法，其法唐代时已有使用，宋代广为流行。油脂类香品适合用隔火熏香的方法，首先在点香网上烧炭；然后将香炉中的香灰理松，使空气充盈；再在香灰中挖出放香炭的炭孔，用香箸埋入香炭；接着压灰，将香灰压成30°左右的圆锥形，但不可太坚实；随后用一根香箸插入香灰开通气孔，用镊子将云母片或其他隔火片放置在通气孔上；最后把香材放在隔火片上，等无烟时即可品香。隔火熏香的特点是香气缓慢优雅地散发，尤为文人雅士所喜爱。

【生活如诗】

子由生日，以檀香观音像及新合印香银篆盘为寿（节选）

北宋·苏轼

一灯如萤起微焚，何时度尽缪篆纹。

缭绕无穷合复分，绵绵浮空散氤氲。

赏阅：

一点小小的灯火犹如萤光，如此微弱地焚烧，什么时候才能燃尽这一盘以缪篆字体为形的香？香烟袅袅，曲折无尽，忽而合拢，忽而分散，绵绵不绝地飘散在空中，让整间屋子都弥漫着香气。

本诗是苏轼为庆祝弟弟苏辙的生日而作。诗中既充满了浓厚的兄弟情义，也让我们得以一窥宋代香艺的风采。篆香在唐时即已流行，兴盛于宋，图案多为篆体字或吉祥图案，文人焚香读书，在当时是一种风尚。

【艺海拾贝】

镂木以为之，以范香尘。为篆文，燃于饮席或佛像前……

——北宋·洪刍《香谱》

赏阅：

雕刻木头制成香篆模，用来将香粉压制成形。形状大多为篆体字，在宴会、饮茶或祭祀神佛时燃烧……

洪刍（1066—1128），字驹父，南昌（今属江西省）人，曾任宣德郎、谏议大夫等职。有《香谱》《老圃集》等。

【乾坤通识】

香会雅集

香会雅集是爱香之人以香会友的活动，香是活动的主题，文化艺术的融合能增添香会雅集的内涵。香会雅集的流程大致如下：

选定场所　香席设置的场所宜静，摆设素雅整洁，让人感到心情安静，便于静心赏香。场所不必太大，需透气无风，要让客人们都能感受到香气。墙壁上需有一两幅书画以增添文化气息，席上需放置一些雅致的插花或盆栽以增添生机，屏风后弹奏优雅的古典琴曲（或播放舒缓的古典轻音乐）以渲染气氛。

邀请　邀请客人参加香会雅集的请柬应提前几日送达，请柬的书写要文雅恭谦，内容切合香会主题，设计要有新意。雅集的前一天要再次确认客人是否能够出席。

介绍　主客入座后，主香人首先说明本次香会的主题，介绍参与者的姓名和简介；接着介绍今天所用香品的名称、特色、功效；然后介绍香席上的物品，从香器具到香材。语言要规范简洁，态度要真诚有礼。

品香　现代香席一般采用隔火熏香的方法。参与者右手拿起香炉的颈部放至左手，右手随即搭在香炉外壁，然后将香炉凑近鼻端，在右手大拇指处闻香三次，呼气时头朝香炉右侧转，结束后依次传给左侧下一位。香会雅集中可有选择地融入吟诗、听琴、写字、作画、赏花、品茗，以及太极拳、太极扇、太极剑等风雅趣事，但主题要与香会相关，每场香会所融入的艺事以一两件为宜，且流程要简约，不可喧宾夺主。

结束　一场香会雅集结束后，主香人向参与者们发放香笺，参与者在香笺上写上对于这一场闻香雅集的心得体会，要求字迹清楚、文字简练、讲究文采，以赋诗填词为最佳。主香人收集好香笺，作为雅集的记录保存，也可制成活页或小集子作香文化交流。

【知学思考】

1. 不同的用香方式各自适用怎样的香材？为什么焚香这种早期用香方式会逐渐不再流行？
2. 读洪刍《香谱》中的名句，说说篆香适合在哪些场合使用。

【知行合一】

1. 了解几种常见用香方法的操作，知道其异同。
2. 吟诵苏轼的《子由生日，以檀香观音像及新合印香银篆盘为寿》（节选），体会其中浓厚的兄弟情义，感受宋代香艺的风采。

3. 组织或参加一次香会雅集，切身感受香文化对人的熏陶，与大家分享自己的感悟，交流心得。

4. 如有条件，按照自己的爱好，选购香材，亲手制作合香，然后采用隔火熏香的方法与家人、亲朋好友分享传统香文化。同时也可配上香炉一并作为雅礼送给老师、同学和情趣相投的朋友。

第二十一课　香道文化的承扬

——兰陵美酒郁金香，玉碗盛来琥珀光

赠香还茶

　　魏武帝曹操是三国时期的政治家、军事家和诗人。他不仅是一位出色的领袖，也是一位涵养深厚的文人，为后世留下了许多优秀作品。当时，蜀国有位天才军师诸葛亮，他与曹操虽不在同一阵营，但双方互有往来，不乏趣事。

　　有一次，曹操得到了大食国产的五斤鸡舌香，当时就想到了温尔儒雅的诸葛亮，认为如此珍贵的香，只有大雅之人才配享用。于是，曹操当即就把这香精心包装好，还亲自写了一封短信："今奉鸡舌香五斤，以表微意。"然后派人将香与信送给诸葛亮。鸡舌香不仅是一种十分珍贵的香材，还因为前朝"刁存含香"的典故有同朝为官的含意。所以，曹操赠送鸡舌香给诸葛亮，还有招贤纳士的暗示。诸葛亮为人赤胆忠心，一心辅佐刘备匡扶汉室平定天下。当他收到曹操的香与信后，即刻以武夷千年高山岩茶回馈，并修书一封曰："亮本南阳山民，能借馨育德，可与公共勉矣，复奉武夷千年高山岩茶以解劳顿。"以此婉拒曹操的招纳。从此，历史上就留下了一段"赠香还茶"的风雅佳话。

【基础知识】

香道文化的传承与发扬

　　在经历鸦片战争、抗日战争等民族磨难与现代化工香料泛滥的冲击后，香文化曾一度陷入困境。20世纪90年代以来，随着社会经济发展和传统文化复兴，人们的精神需求不断提升，香文化逐渐得到复苏。

1. 香与其他文化

传承与发扬香道文化，首先要了解它的文化内涵。香在漫长的使用过程中不断与其他文化融合，早已不是单一的文化体，而是被赋予了多元的文化内涵。

香与茶。香与茶结合，最晚兴盛于宋代，但早期所使用的香多为香花，如腊梅、桂花、菊花、茉莉等。随着宋代以后异域香料大量传入，檀香、龙脑等香才开始入茶，香茶品种越来越丰富。明代文献中对于香茶的记载颇多。香茶，就是将香与茶一起熏制，再放在密封容器中窨三日以上，即可冲开水饮用。制作香茶宜采用如龙脑、麝香等香味浓郁的香。以香入茶能使茶味与香味互相调和，更为芳香可口，有一定药性的香茶还可以调养身体。香茶味美且效用较多，故而能流传千年，经久不衰。

香与酒。用香制酒早在夏朝就已出现。"鬯"是有记载的最早的香酒，用黑黍和香草酿成，在商周时期用于祭祀或赏赐。后来，人们把更多的香用来制作香酒，如桂花、菊花、菖蒲、白芷、花椒等。汉代时已形成饮菊花酒的习俗。魏晋南北朝之后，酒曲制作技术成熟，人们在酒曲中也加入艾草、菖蒲、茱萸等香料，制作出香曲，芳香四溢。宋代以后，异域香料大量传入，香酒更为普及，制作方法也更加多样、更为考究。此外，人们还发现了香酒养生的功效，苏合香酒广为流行。

2. 香文化的现代承扬

在生活节奏变快的现代，香文化对人的影响更为明显。忙碌焦躁的生活、工作需要安静的空隙来放松自己，而清净醇厚的香能让人得到全身心的放松，缓解身体的疲惫，忘记烦忧，变得更加安静优雅，从而使身心得到调适。

焚香曾被看作文人雅士的活动，是经济繁荣与文化高雅的综合体现，是中国传统文化中重要的部分。如今，随着我国经济高速发展，越来越多的人重新拾起这一缕清香，以追慕前贤、寻找自我、珍爱生活。

【生活如诗】

客中作

唐·李白

兰陵美酒郁金香，玉碗盛来琥珀光。
但使主人能醉客，不知何处是他乡。

赏阅：

东鲁兰陵盛产用郁金香草浸泡的美酒，用玉碗盛来的酒犹如琥珀一般的光泽。只要主人用这美酒来热情招待，让我这个远方的客人醉意浓浓，那么我就快乐无比，竟忘记自己是个异乡人了。

本诗作于作者游历至东鲁兰陵之时，诗风豪迈，既体现出作者潇洒、豁达、重友情的个性，也体现出繁荣的盛唐气象。从诗中的"美酒郁金香"也可以看出，香与酒文化的融合在唐代已较为普遍。

李白（701—762），字太白，号青莲居士，自称祖籍陇西成纪（今甘肃静宁西南），幼时随父迁居绵州昌隆（今四川江油南），唐代伟大的浪漫主义诗人。李白出生于盛唐时期，二十岁时只身出蜀，开始广泛游历大川名山和拜谒社会名流以丰富阅历和寻求出仕的机会。天宝元年（742），供奉翰林，其文章风采，才华横溢，为玄宗所赏识。因不能见容于权贵，弃官而去。安史之乱中受牵累被流放夜郎，中途遇赦而还。他一生游历了大半个中国，其诗大多描写山水和抒发内心情感，诗风雄奇豪放，清新飘逸，意境奇妙，被后人誉为"诗仙"，与杜甫并称为"李杜"。有《李太白集》。

【艺海拾贝】

茶有真香。而入贡者微以龙脑和膏，欲助其香。

——北宋·蔡襄《茶录》

赏阅：

茶有纯正的香气。贡茶还会加入一点龙脑香，是为了增加茶的香气。

【乾坤通识】

香席与茶的搭配

香的传承与发扬，势必要适时而变。香与茶、香与酒、香与烹饪等种种结合方式，都是香兼收并蓄特征的体现。到了现代，香与茶的搭配尤为常见，在香席上配上一壶茶，已成为一种惯例。宋明时期，焚香与点茶相配，是一种十分流行的雅事。香与茶的搭配方式有互补、提升以及调和等。互补是选择与香反差大的茶进行搭配，两者可相辅相成，相映成趣，如香味变化较少的香就选配口味变化多样的茶；香味丰富的香就选配口味醇厚的茶；香味甜蜜的香适宜口感清新的茶。提升是指选择能够将香的味道进一步体现出来的茶，如香味穿透力强的香选配口味多样的茶；香味雅致的香选配口味高爽的茶；香味醇厚的香选配口味甜美的茶；香味饱满的香选配口味清雅的茶。调和是指选择能够将香给人体带来的某些损害得以中和的茶，如火气大的香选配降火的茶，避免因香上火。焚香点茶时要把握好两者的度，切不可令茶喧宾夺主。

【知学思考】

1. 香得以一脉相承的文化内涵是什么？

2.读《茶录》中的名句，说说香是怎样与其他文化和谐兼容的。

【知行合一】

1.了解香与茶、酒等文化的关系，体会香的包容性。

2.吟诵李白的《客中作》，感受盛唐时期香与其他文化的融合。

3.邀请几位志同道合的好友，在家中或其他合适的地点布置一次香席，按照选用的香材搭配合适的茶，大家在闻香中品茶，在品茶中闻香，同时进行香文化交流，增进感情。

本单元教学建议

◎教学目标

1. 了解香艺的起源、文化内涵、香材、使用器具、用香方式与香道在现代的承扬。

2. 了解有关香艺的典故，知道香对人宁静身心的作用。

3. 体会香丰富的文化内涵，了解香材本身的价值以及香与其他文化的融合。

◎教学重点

1. 掌握香器具及用香方式。

2. 体会香丰富的文化内涵。

◎教学难点

掌握用香方式与香道在现代的承扬。

◎广览博学

1. 搜索、阅读贾天明的《中国香学》。

2. 搜索、观看纪录片《传统香制作技艺》。

3. 搜索、观看纪录片《人文深呼吸——香道》。

第四单元

女红

本单元概述

  本单元安排的课程内容和教学目标是：认识女红，知道女红的历史渊源、分类、人文意蕴以及新女红时代等相关知识；通过学习《女红绣衣》《孟母断织》等历史典故，了解女红在传统家庭、社会关系中的文化内涵；通过赏阅《缭绫》《咏绣障》等古诗，领会传统女红出神入化的技艺水平以及蕴含其中的独特文化内涵；通过理解《礼记·郊特牲》《墨子·非命》等篇目中的名句，知道女红有助于塑造温婉文雅的女性形象，明白女红在传统社会体系中的地位。

第二十二课　女红的历史渊源

——载玄载黄，我朱孔阳

【历史典故】

女红绣衣

相传，很久以前，江浙一带曾发生洪涝，良田房屋尽毁，江河里的蛟虬也趁机出来兴风作浪，百姓苦不堪言。这时，有人想到蛟虬可能害怕鬼怪，就把头发剪短蓬松地竖起来，浑身刺满花纹。果然，蛟虬就不敢伤人了，"断发文身"的习俗也因此流传下来。

后来，有个名叫女红的善良姑娘，看到人们为文身所遭受的皮肉之苦，十分不忍。聪明的她想到，如果把文身的花纹画在衣服上，不仅可以吓跑蛟虬，还能免去皮肉之苦。于是，女红做了很多这样的衣服，人们穿上后下水捕鱼，蛟虬果然不敢靠近。可是，这衣服穿不了多久，上面的图纹就会因为水的浸泡而褪色，蛟虬又会卷土重来。

有一天，女红在家中做针线活，突然冒出一个想法：为什么不把这些图纹绣在衣服上呢？于是，她将线染成多种颜色，把图案一针一针地绣在衣服上，她日以继夜地赶工，终于绣成了一件五彩斑斓的彩衣。她高兴地把彩衣展示给村民们看，又向他们说明彩衣的用途。女红在衣服上绣的日月星辰闪闪发光、栩栩如生，村民们穿上她绣的彩衣下水果然吓退了蛟虬。从此，村民们下水捕鱼再也不怕蛟虬了。绣衣吓退蛟虬这件事很快就传开了，大家纷纷来向女红学习刺绣，她毫无保留地将这项技术耐心地教给了大家。此后，江浙一带的人们就用刺绣代替文身，而女红的名字也成了后世对刺绣一类针线活的泛称。

【基础知识】

女红的历史渊源

女红，亦称女工、女功，指女子所做的纺织、刺绣、缝纫等手工活及成品。"女红"一词最早见于《汉书·景帝纪》："雕文刻镂，伤农事者也；锦绣纂组，害女红者也。"颜师古注引曰："红亦工也。"中国传统女红包括纺织、缝纫、织锦、丝绣、刺绣、编织、编结、捣练、浆染、剪纸等类别。

中国神话故事中，女红始于嫘祖造丝养蚕。在距今2万～5万年前的山顶洞人的遗址中，就发现过一枚磨制精致的骨针，全长约82毫米，针身保存完好，仅针孔缺损。这枚骨针是目前世界上所知的最早的缝纫工具，说明那时的人类已经开始使用骨针来缝缀兽皮作衣。距今7000多年的新石器时代，河姆渡人不但会使用骨针，还制造了简易的纺轮。5000多年前的良渚文化时期，已出现了麻线、丝线、丝带、绸片等原始的纺织品。这些都是之后女红与女红用具的雏形。

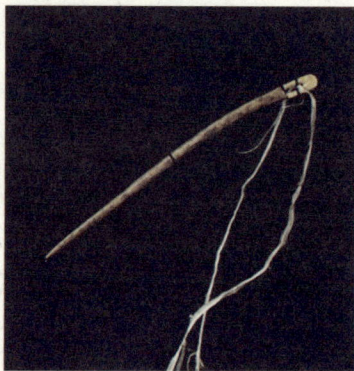

山顶洞人遗址出土的骨针

原始社会的女红，主要是利用针线进行简单的缝合与使用简易的纺织工具。

到了周代，女红以法规的形式规定下来。《周礼·天官冢宰第一》中写到周代宫廷中"以妇职之法教九御，使各有属，以作二事"，其中"妇职"指缝线、组紃之事，"九御"指后宫妃嫔，"二事"即缫丝、绩麻之事。

春秋战国时期，缫车、纺车、脚踏织机等手工机器已经投入使用。丝、麻布料的脱胶、精炼，矿物、植物染料染色等技术都已有文字记载。

秦汉时期，丝、麻、毛纺织技术都达到了较高的水平，缫车、纺车等手工纺织机器已广泛运用。刺绣在两汉时期发展成熟，与织锦齐名，并称为锦绣。

《菩萨立像》剪纸图案

唐代，刺绣从传统的辫绣发展出了平绣、打点绣、纭裥绣等多种针法。唐代的佛像绣在南北朝以来的工艺基础上日趋完美，除了绣佛像，还绣经文。据传，元和年间的刺绣名手卢眉娘能在一尺绢上绣《法华经》七卷，字不过米粒大小，但是点画分明。当时的剪纸工艺水平也已经相当高超，还出现了剪纸与绘画相结合的作品，如敦煌出土的唐朝和五代《菩萨立像》剪纸图案等。

宋代以后，出现了更适合集体化作坊生产使用的多锭式纺车。在部分地区，还出现了以自然水力作为动力的水转大纺车。纺、织、染、整等工艺日趋成熟，织品花色愈发繁多。画绣也从唐代的佛幡佛像，逐渐转向模仿名家书画，被称作闺阁绣。南宋之后还出现了以剪纸作为职业的行业艺人。

元代，黄道婆教人制棉，改进了纺织工具，推广先进的纺织技术，当时棉纺织品色泽繁多，呈现出空前的盛况。

明代，上海的顾氏绣法技艺精湛，名声大噪。此时期的刺绣也在地域基础上逐渐形成自己的风格，出现了闻名遐迩的四大名绣——苏绣、粤绣、湘绣、蜀绣。

清末的刺绣名手沈寿还根据自己的刺绣经验编写了女红专著《雪宧绣谱》（沈寿口述，张謇执笔）。

【生活如诗】

国风·豳风·七月（节选）

七月流火，八月萑苇。

蚕月条桑，取彼斧斨，

以伐远扬，猗彼女桑。

七月鸣鵙，八月载绩。

载玄载黄，我朱孔阳，为公子裳。

赏阅：

七月火星西行，夏去秋来，天气逐渐凉爽起来，八月要开始割芦苇了。蚕忙的月份快要过去，开始修整桑树，取来刀斧砍下长得过高的枝条，妇女们倚着桑枝采下嫩叶。七月伯劳鸟叫得欢，八月开始织麻布。染出的丝有黑有黄，而我的红色更加鲜亮，给贵人们制衣裳。

《豳风·七月》反映了豳地一年四季的劳动生活。节选部分是妇女采桑、织布、印染等劳动的情形，语言朴实无华，从各个侧面展示了当时的社会生活。

《诗经》是中国最早的一部诗歌总集，收集了从西周初年到春秋中叶大约500年间的诗歌，共305篇。《诗经》有风、雅、颂三大类，以及赋、比、兴的不同表现手法，许多篇章广泛而深刻地反映了2500年前漫长历史时期的社会面貌，在中国乃至世界文化史上都占有重要的地位。

【艺海拾贝】

黼黻[1] 文绣之美，疏布之尚，反女功之始也。

——《礼记·郊特牲》

---

[1] 黼黻：古代衣服边上有规律的黑白、黑青相间的花纹，多指官服，外观类似商朝青铜器上的边框纹路。后来泛指礼服上所绣的华美花纹。

赏阅：

过分追求衣物的华丽与刺绣的精美，或者只崇尚粗疏的布衣，这都和女红出现的目的相违背。

《礼记》是中国古代儒家经典之一。汉宣帝在位时，戴德、戴圣从秦汉前各种礼仪论著中辑录了两个选本，分别被后人称为《大戴礼记》与《小戴礼记》，后者一般简称《礼记》。《礼记》阐述了社会、政治、伦理、哲学、宗教等各方面的内容，是研究中国古代社会情况、典章制度和儒家思想的重要著作。

【乾坤通识】

人间巧艺——画中的女红

1.《捣练图》

这是张萱所作的一幅盛唐风俗画，表现的是当时妇女捣练缝衣的工作场面。该作品共刻画了十二个人物形象，动作自然鲜活，细节生动细腻，场景按工序分成捣练、织线、熨烫三组（下图选取的是捣练与织线的场景），真实地还原了当时妇女的劳作情形，从下图妇女的穿着也可以看出，当时的染缬技术已臻成熟。

唐·张萱《捣练图》（局部）

2.《雍正耕织图册》

《耕织图》最早由南宋画家楼俦所作，自问世后到清末700余年间，各种版本的《耕织图》层出不穷。《雍正耕织图册》最大的不同在于画中的农夫、蚕妇等主要人物都以当时的雍亲王胤禛与他的福晋、侧福晋的形象为蓝本。从图中的纺织场景，可见当时的纺织机器已较为先进。

3.《烛下缝衣》

该作品为清初宫廷画家创作的《十二美人图》中的《烛下缝衣图》。画中红烛摇曳，仕女眉眼低垂，纤指轻拈，在烛光下行针走线。窗外有一只红色的蝙蝠在翠竹间飞舞，寓意"鸿福将至"。

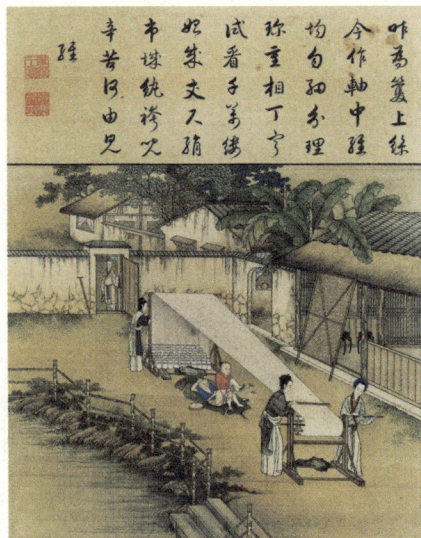

清·佚名《雍正耕织图册》　　　　清·佚名《十二美人图》（局部）

【知学思考】

1. 女红因什么而始？在历史演变中，女红的目的发生了什么变化？
2. 为什么"黼黻文绣之美"与"疏布之尚"都是"反女功之始"？

【知行合一】

1. 了解、熟知女红的历史发展，概括各时期女红活动的特点。
2. 吟诵《国风·豳风·七月》（节选），了解古代妇女采桑、织布、印染等劳动的情形。
3. 参观附近博物馆中与女红相关的文物与介绍，直观了解女红的历史发展与演变规律。
4. 选取某一主题，完成一件刺绣作品，感受传统女红的艺术魅力。
5. 选购一些喜欢的毛线，为家人编织线衫，感受传统女红为家庭带来的亲情与乐趣。

第二十三课　女红的类别（上）
——织为云外秋雁行，染作江南春水色

孟母断织

孟子是战国时期著名的思想家、政治家、教育家。幼年丧父，家境贫寒，母亲靠织布维持生计。孟子的母亲希望儿子长大后有所作为，尽管生活困苦，依然送他入学读书。

有一次，孟子放学回家，孟母正在织布，见他回来便问道："今天学习怎么样？"孟子漫不经心地说："和以前没什么两样。"孟母对他无所谓的样子很是生气，于是拿起剪刀就把正在织的布剪断了。孟子对母亲这一举动感到不解，战战兢兢地问："布都快织好了，您为什么要剪断？"孟母短叹道："你读书学习和我织布是一样的，日积月累才能成有用之物。君子以学问树立名声，多学多问才能增长知识。若是得过且过，荒废学业，那与我今日剪断织好的布，前功尽弃，又有什么区别呢？你只有下累日累年之功，勤奋学习，才能有所长进啊！"说罢伤心地哭了。孟子看看伤心的母亲，又看看被母亲剪断的布，如醍醐灌顶。自此后，孟子朝夕勤学，著书立说，继承和发扬孔子学说，成了儒家学派的代表人物，被后世尊称为亚圣。

【基础知识】

纺　织

纺织是纺纱与织布的总称。中国纺织相传始于嫘祖养蚕造丝，距今已有4600余年。在长期的传统社会中，男耕女织是主要的家庭分工方式，因此确定了家庭妇女的职责，纺织也成为女红最重要的类别之一。中国传统的纺织原料有丝、麻、葛、棉等，其中最著名的纺织品是丝织品。我国

历代生产的丝织物，通过丝绸之路远播海外，以精湛的制作、高超的技艺享誉世界。

古代妇女的纺织有采桑、养蚕、沤麻、纺线、织布、印染等工序。《淮南子》中记载："伯余之初作衣也，緂麻索缕，手经指挂，其成犹网。""手经指挂"就是将纱线依次绑在两根木棍上，然后撑开木棍，把缠好的纱线绷紧，再用手指进行编织。但是，这种方法效率很低，且织物也不美观。

在后来出现的原始织造机中，使用最广的是腰机，又称踞织机。踞织机的基本结构是一张由两根经轴构成的经架，两轴间固定有多根纱。一根经轴拴在固定物上，或者直接用双脚蹬住，另一根经轴上拴腰带，固定在操作者腰间。

马王堆汉墓群出土的西汉素纱襌衣　　云南晋宁石寨山遗址出土的西汉纺织场面贮贝器盖

纺织技术经过提综杆、蹑（即脚踏板）等革新发明后，纺织速度得到了可观的进展。大致出现在战国时期的带有脚踏提综装置的斜织机，拥有一个机架，经面与水平的机座形成一个较大的倾角，使织布的人既可以坐着，又对经面上经线张力是否均匀、经线有无断头一目了然。

江苏铜山县洪楼出土的汉代画像石

在之后的发展中，还出现了立织机、罗织机等纺织机具。而束综提花机的出现，改进了传统织造几何图案织物时的繁杂程序，织出来的花样纹饰更加丰富多彩。织造时，两人配合操作，一人坐在花楼之上，按照提花纹样，逐一提综开口，另一人脚踏地综，投梭打纬。现代纺织厂普遍采用的提花机就是由花楼束综提花机改造而成的。

编　结

　　编结，就是以天然纤维为原料，使用工具或纯手工进行的工艺，最为熟知的是中国结、五彩绳、盘扣等。

　　中国结是中国特有的手工编织工艺品，起源于远古时期的结绳记事，后来逐渐演变成装饰手艺。中国结代表着团结、幸福、平安等美好的祝福，尤受民间喜爱。中国结有双钱结、琵琶结、团锦结、吉祥结等多种结式，梁武帝"腰间双绮带，梦为同心结"一句中的"同心结"就是根据其连环回文的样式而被作为爱情的象征，取"永结同心"之意。

　　端午节佩戴的五彩绳，俗称五彩丝。五彩绳的五色分别与五行对应，彼此相生相克，人们认为它有驱邪迎吉的作用。早在东汉应劭的《风俗演义》中就已经有把五彩绳系在手臂上以除鬼避灾的记载。现在人们多会在端午时佩戴五彩绳，驱避恶气，祈求平安吉祥。

　　盘扣，也称盘纽、纽结、纽绊，是在传统服饰中使用的一种纽扣，用来固定衣襟或是装饰。盘扣的花式种类丰富，有菊花盘扣、梅花扣、金鱼扣等肖形，也有如一字扣、波形扣、三角形扣等几何图形，题材的选取具有浓郁的中国风格。

中国结

盘扣

浆　染

　　浆与染是两个不同的概念。浆是用浆水浸泡织好的布，使其挺括、光滑。染是染色，染料主要从蓼蓝、菘蓝、木蓝、马蓝等天然植物中提取。染缬在中国已有 2800 多年的历史，现在被称作扎染、蜡染等。唐代的印染工艺已相当成熟，在唐代传世的绘画作品《簪花仕女图》《捣练图》以及唐三彩俑与敦煌壁画中，都可以看到染缬品的广泛应用。

唐·周昉《簪花仕女图》（局部）

【生活如诗】

缭绫（节选）

唐·白居易

去年中使宣口敕，天上取样人间织。

织为云外秋雁行，染作江南春水色。

广裁衫袖长制裙，金斗熨波刀剪纹。

异彩奇文相隐映，转侧看花花不定。

赏阅：

去年太监传来皇帝的口谕，从宫中取来样式，命令民间照样纺织。在布料上织出一行行在云中高飞的秋雁，染上春天江南碧水的颜色。宽布裁成衫袖，长布制成裙子，用熨斗熨平褶皱，用剪刀剪出花纹。色彩与纹饰奇异美丽，交相辉映，从不同角度看衣上的花纹，都色彩缤纷、富有变化。

本诗选自《新乐府》。所选部分展现了民间纺织女工的高超技艺和缭绫的精美奇绝。

【艺海拾贝】

今也妇人之所以夙兴夜寐，强乎纺绩织纴，多治麻统葛绪，捆布縿，而不敢怠倦者，何也？曰：彼以为强必富，不强必贫；强必暖，不强必寒。故不敢怠倦。

——战国·墨子《墨子·非命》

赏阅：

现在的妇人起早贪黑，努力纺纱、绩麻、织布，料理麻、丝、葛与苎麻而不敢倦怠，这是为什么呢？答道：她们认为努力就能致富，不努力则会贫穷；努力就能使自身温暖，不努力就会寒冷。所以不敢倦怠。

墨子（约前 468—前 376），名翟，相传原为宋国人，后长期住在鲁国，春秋战国之际思想家、政治家，墨家学派的创始人。《墨子》为墨家经典著作，反映了后期墨家在认识论、逻辑和自然科学方面的重大贡献，在中国哲学史与逻辑史上占有重要地位。

【乾坤通识】

黼黻之美——经典纹样欣赏

1. 云纹

云纹是古代中国典型的吉祥图案，有"如意云""四合云"等图案，寓意"高升""如意"。一般由深到浅或由浅到深，过渡自然，也有由内向外辐射散开的云纹。

2. 几何纹

常见几何纹有菱形纹、曲水纹、八达晕等。菱形纹锦线条变化多，色彩丰富，搭配巧妙，如迷宫般神秘奇诡。曲水纹以单朵或折枝形状的梅花或桃花，与水波浪花纹装饰于锦，又称落花流水锦。八达晕在古代织锦中最为流行，以八边形为中心，向外扩展，主花是图案中心，周边以各种几何纹装饰，线条之间互相联通，朝八方辐射，寓意"八路相通"。

四合如意云纹缎

小菱形纹锦

八达晕锦

3. 动物纹——龙凤纹

"龙为鳞虫之长，凤为百鸟之王"，龙凤纹样是传统纹饰中最具代表性的符号。龙凤相配自古以来有吉祥的寓意，所以被称为"龙凤呈祥纹"。

对龙对凤纹锦

龙凤虎纹绣

4. 植物纹

植物纹有宝相花纹、茱萸纹、生色花等。宝相花纹一般以某种花卉为主体，镶嵌着形状、大小、粗细不同的其他花叶作为陪衬，花芯与花瓣基部，一般用圆珠作规则排列，犹如宝珠，故名宝相花，寓意"宝""仙"。茱萸纹常与云纹组合，构成四方连续的纹样，古人认为其能"辟除恶气，令人长寿"。生色花就是写生形的花，宋代崇尚贴近自然与生活的艺术，丝织品的花卉纹样也由过去平列图案式的布局，发展为具有写实性的折枝花纹，形式优美、意韵深远。

缠枝宝相花纹织金锦

绢地茱萸纹刺绣

一年景花卉绶带

5. 组合纹

"登高明望四海"织锦，锦面上风云流动、瑞兽奔腾，整体气象万千，间有汉隶铭文点缀，构成一幅完整连贯的艺术画面。汉代蜀地织锦护臂"五星出东方利中国"，被誉为20世纪中国考古最伟大的发现之一，鲜艳的白、赤、黄、绿四色在青地上织出汉式典型的日月、云气、鸟兽等图案，上织有汉隶"五星出东方利中国"八个字，"五星汇聚"为大吉大利之兆。

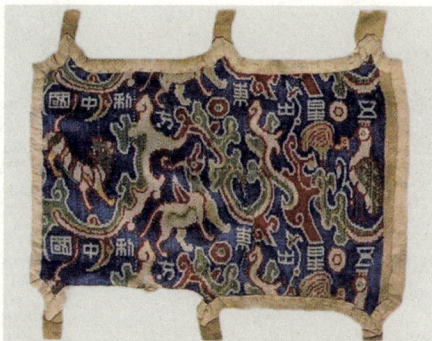

"登高明望四海"织锦　　　"五星出东方利中国"护臂

6. 十二章纹

十二章纹，又称十二章、十二文章，是中国帝制时代的服饰等级标志。十二章纹中的日、月、星辰，取光辉普照之意；山，取稳重、镇定之意；龙，取神异、变幻之意；华虫，即稚鸡，有时也分为花与鸟两个章纹，取文采昭著之意；宗彝，南宋以前为一虎一猴，取供奉、孝养之意；藻，取洁净之意；火，取光明之意；粉米，晋代以前分为粉与米两个章纹，有济民养人之德；黼，斧头状花纹，取果断之意；黻，两弓相背的花纹，取明察秋毫、背恶向善之意。

十二章纹

【知学思考】

1. 纺织为什么能作为传统女红中的重要组成部分？

2. "强必暖，不强必寒"反映了古代女子的纺织与家庭生活之间有怎样的关系？

【知行合一】

1. 熟知纺织的历史发展和各时期的特点、编结的分类与各种结式，了解浆染的概念。

2. 吟诵白居易的《缭绫》（节选），了解民间纺织女工的高超技艺，体会古代纺织女工的辛劳。

3. 购买编绳所需要的材料，搜索视频或步骤图，学习"平结""祥云结"和"团锦结"的编结方法，发挥创意，为家庭编一个中国结，为自己或朋友编一条五彩绳手链。

第二十四课 女红的类别（下）
——绣成安向春园里，引得黄莺下柳条

【历史典故】

吴有三绝

　　三国时，孙权坐镇东南，心怀大志要一统天下。因此，他亟需一幅绘有"山川地势军阵之像"的军事地图以供作战之用。方士赵达将善画的妹妹举荐进宫，孙权让她绘制九州五岳图，赵达妹妹却对孙权说："颜料容易褪色，而行军途中，图纸需要时常取出观看，更易磨损。妾略有刺绣之技，不如将那三山五岳、五湖四海以及城邑村镇绣于方帛之上，如此一来，既耐磨损、防褪色，又方便携带。"孙权闻言，赞叹不已，将她收为夫人，敬爱有加，宫中便称她为赵夫人。赵夫人的地图绣成后，观者无不目瞪口呆，其超凡的刺绣技艺，被当时的人称为"针绝"。

　　赵夫人不但会刺绣，还会织锦，穿丝引线，纵横穿插，上下翻飞，几天就能织出一幅美轮美奂的"云龙虬凤"锦，"大则盈尺，小则方寸"，人们争相传扬，又赞其为"机绝"。在一个酷热的夏夜，蚊虫烦扰，赵夫人对孙权说："妾能织出一种罗帐，帐内清风自生，且帐里看帐外清如无物。"数月之后，赵夫人果然织成一顶薄如蝉翼的"发帐"。飘然如烟，躺在帐内，暑意全消。这发帐收起后甚至可放于枕中，携带极其方便。孙权对此十分爱惜，行军时总随身携带。消息传开后，时人又给赵夫人冠上了"丝绝"的美名。

【基础知识】

刺　绣

　　刺绣是在织物上以色丝与线绣出花纹图案或字形的中国民族传统工艺

品，装饰服装是刺绣工艺的最原始功能。在未有服装之前，人类用黥面、文身、彩绘等方法装饰身体，以展示自己的身份地位，表明部落、阵营、性别的归属。服装诞生后，原来装饰在身体上的纹样，就通过织花、刺绣、彩绘等工艺手段转移到了服饰上。

古代称刺绣为黹（zhǐ）、针黹。据《尚书》记载，早在4000多年前就有"衣画而裳绣"的记载。在《诗经》中，也多次提到刺绣在服饰上的装饰运用，如《秦风·终南》中的"黻衣绣裳"等。

早期的刺绣多是用辫子股针绣成。辫子股针俗称锁绣，第一针在纹样的底端起针，将线围过一圈后再落于起针旁。第二针则在第一针所围的线圈中间起针，两针之间距离约半市分（市分是市制长度单位，一市分等于一市尺的百分之一，通称分），正好将线圈拉紧，以此类推。锁绣所成的绣品，构图紧密、针法整齐、线条流畅。湖南长沙楚墓出土的战国龙凤绣品是目前传世最早的刺绣，实物已污损，但仍能看出其上龙凤飞舞，云气缭绕，绣工精细，气势奔放，它的针法就是锁绣。

西汉时，刺绣工艺已相当发达。汉代王充《论衡》中记载："齐郡世刺绣，恒女无不能"，说明当时刺绣制作的普及与技艺的高超。汉绣的图案主题多为云纹、龙凤、神兽、花以及几何图案等，针法还是以锁绣为主，构图紧密，线条流畅，画面生动活泼。如，黄褐色对鸟菱纹绮地"乘云绣"。

唐代，刺绣多作日常的服饰用品装饰之用，色彩鲜艳华美，做工精巧，还采用了平绣、打点绣等其他针法。受宗教影响，此时期的刺绣工艺还用于绣佛经与佛像。

黄褐色对鸟菱纹绮地"乘云绣"　　　　唐·《龙华会说法图》（局部）

宋代，一改刺绣内容多与生活需要与民情风俗相关的传统，开创了纯粹为审美服务的艺术绣——绣画。宋徽宗在宫廷设绣画专科，使手工刺绣发展臻至高峰。明代董其昌也曾在《筠清轩秘录》中盛赞了宋人画绣传神达意的至高境界。

明代刺绣当属嘉靖年间上海顾氏露香园的"顾绣"最为出名。顾绣由顾家的儿媳韩希孟所创，是以名画为蓝本的画绣，与以刺绣为画的绣画有所区别。顾绣半绘半绣，针法多变，色彩丰富，以风格独特、形式典雅而著称于世。

宋·《梅竹山禽图》（局部）　　　明·韩希孟《（顾绣）扁豆蜻蜓图》

清代前期，刺绣工艺进一步发展。晚清时，刺绣名手沈寿吸收西洋绘画的手法，首创仿真绣，也称沈绣，为传统刺绣注入新的活力。她在《雪宦绣谱》中列举了18种针法，而传统的针法根据地域、年代的不同又有创造和发展，现在一般分为平绣、条纹绣、点绣、编结绣、挑花以及辅助绣等七大类。

清·佚名《（广绣）竹石双凤图》

刺绣工艺讲究顺、齐、平、匀、洁，"以针为笔，以线为墨"，通过对线的长短、粗细、疏密、浓淡等方面的安排，来体现刺绣人的巧思布置。刺绣依存于绘画的形式存在，是运用线条进行的美感创作，作品取决于刺绣人的想象力、审美力和手艺功力。

剪　纸

剪纸是用剪刀或刻刀在纸上剪或镂刻花纹，用于点缀生活环境以及配合民俗活动的民间艺术。单色剪纸是剪纸中最基本的形式，另外还有折叠剪纸、剪影、撕纸等表现形式。折叠剪纸在民间最为常见，经过不同方式折叠剪制，造型会有一定的变形，多为结构对称的形体或图式。新疆吐鲁番高昌遗址出土的北朝对马、对蝶团花剪纸，是目前我国发现最早的折叠剪纸。

北朝对马团花剪纸残片

剪纸按用途可以分为张贴用与摆放用，其中窗花与喜花最为常见。窗花的内容题材丰富多样，主要是表现农耕生活或对年年有余、多子多福的美好寄望。喜花是在婚嫁喜庆时装点室内与器物的剪纸，色彩多为大红，除了大致的外形，还配以诸如鸳鸯戏水、红梅喜鹊、荷花莲子等吉祥如意的纹样，其寓意为夫妇和睦、喜上眉梢、连生贵子。

荷　包

荷包，在民间又称香包，造型别致，图案多样，繁简皆有，装饰韵味很浓。最早的荷包，在使用时既可手提，又可肩背，也称持囊、挈囊。由于手提肩背不方便，人们便把它挂在腰际，并形成一种习俗，俗称旁囊。

敦煌壁画中的唐代提包

荷包最原始的意义，是用荷叶包裹物件，馈赠给心爱的人。古代女子们凭借自己精湛的手工技艺，将绵绵无尽的情意亲手绣成荷包，诸如钱袋、扇袋、镜袋或香包之类，送给自己的情人，寓意美好纯净的爱情。

长沙马王堆汉墓出土的香囊

端午节佩香囊的习俗由来已久，不但可避邪驱瘟，还有点缀装饰之用。香囊内放朱砂、雄黄、香药等可驱虫的材料，外以丝布包裹，再用五色丝线弦扣成索，不同形状的结成一串，清香四溢。为了趣味性与应景，通常会做成粽子的形状。

端午节香囊

绣花鞋

鞋是服装打扮中的重要组成部分。古代女子缝制的绣花鞋是中国鞋文化的重要元素。我国历代女子都传承着古老的绣花鞋技艺，一针一线地表达出文化传统与时代审美观。鞋面上的绣纹灵感主要源自生活，主旋律是民间文化与民俗风情，基本图案有花鸟草虫、飞禽走兽、瓜果蔬菜、山川风物等，还有莲生贵子、龙飞凤舞等寓意吉祥的图案。

除了穿戴作用，鞋子在古代婚礼中还扮演着相当重要的角色，将女子亲自做的鞋作为嫁妆的必备之物，以此来显示新娘的心灵手巧，如今有的地方依然保持着这样的风俗。传统的绣花鞋制作主要有设计、纳底、制帮、刺绣、绱鞋等繁复的工序，女子以此赠亲人，以表明家庭和睦、和气相处。

古时民间通常会在孩子满月、满周岁之后，给孩子穿上虎头鞋，以此护佑孩子。一双亲自缝制的虎头鞋饱含了母亲对孩子的美好祝愿。

绣花鞋

虎头鞋

【生活如诗】

咏绣障

唐·胡令能

日暮堂前花蕊娇，争拈小笔上床描。
绣成安向春园里，引得黄莺下柳条。

赏阅：

黄昏余晖下，厅堂前的鲜花美丽娇艳，一群绣女争着拿笔在绣花架上写生。绣成美丽的屏风放到花园里，屏风上的花栩栩如生，引得黄莺好奇地从柳条上飞下来看个究竟。

这是一首赞美绣品精美、绣女手巧的诗。绣女高超的刺绣技巧使绣品到了以假乱真的地步，语言明了，意境明丽。

胡令能（生卒年不详），莆田（今福建莆田，一说今河南中牟）人，唐贞元、元和时期诗人。他的诗语言浅显而构思精巧，生活情趣很浓。《全唐诗》录有其诗。

【艺海拾贝】

宋人之绣，针线细密，用绒止一二丝，用针如发细者，为之设色精妙光彩射目。山水分远近之趣，楼阁待深邃之体，人物具瞻眺生动之情，花鸟极绰约谗唼之态。佳者较画更胜，望之三趣悉备，十指春风，盖至此乎。

——明·董其昌《筠清轩秘录》

宋代的绣品，针线排布细密，只用一两根丝线，绣出来后像发丝一般细，设色精致巧妙，色彩鲜艳美丽。绣出的山水远近可分，楼阁有深邃之形，人物有张目远眺的神情，花鸟绰约多姿。上等的绣品比画更生动，看上去趣味盎然，十指之精妙，大概就是这样了。

董其昌（1555—1636），字玄宰，号思白、香光居士，松江华亭（今上海闵行区）人，明代书画家，官至南京礼部尚书。董其昌通禅理、精鉴藏、工诗文、擅书画及理论，注重师法传统技法，笔致清秀中和，恬静疏旷，用墨明洁隽朗。有《画禅室随笔》等。

【乾坤通识】

飞针走线——四大名绣欣赏

苏绣　苏州地区刺绣产品的总称，其发源地在苏州吴县一带。苏绣有浓郁的地方特色，经过历朝历代不断地丰富与发展，最终形成图案秀丽、构思巧妙、绣工细致、针法活泼、色彩清雅的独特风格。如"先春四喜图"就是典型的苏绣图式。

粤绣　广东潮州（潮绣）与广州刺绣（广绣）的总称，在明代中后期形成特色，用色明快、图案繁茂、场面热烈、对比强烈。粤绣布局充盈、少有留白、风格热闹紧凑。如，石青缎"宝生昌"号广绣花鸟大挂帐。

先春四喜图　　　　石青缎"宝生昌"号广绣花鸟大挂帐

蜀绣　又名川绣，最早可上溯到三星堆文明时期。蜀锦受地理环境、风俗习惯、文化艺术等各方面的影响，逐渐形成了严谨细腻、光亮平整、构图疏朗、浑厚圆润、色彩明快的独特风格。东晋以来，蜀绣与蜀锦并称"蜀中瑰宝"。如，秦良玉平金绣蟒凤衫。

湘绣　以湖南长沙为中心的带有鲜明湘楚文化特色的刺绣产品总称。湘绣形象生动、色彩鲜艳，十分讲究用色浓淡、针法变化、劈线粗细，所出的绣品"绣花能生香，绣鸟能听声，绣虎能奔跑，绣人能传神"。如，绢地"长寿秀"。

秦良玉平金绣蟒凤衫

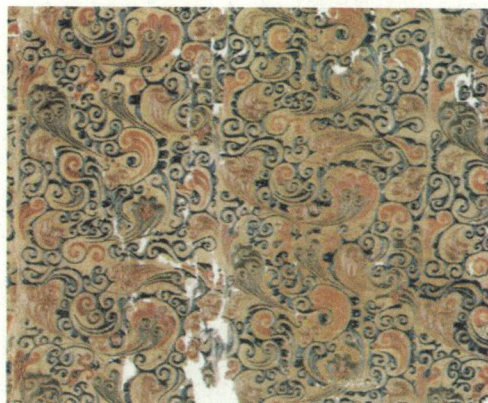

绢地"长寿绣"

【知学思考】

　　1.除了四大名绣，你还知道哪些有名的绣种？它们各有什么特点？

　　2.为什么"闺阁绣"会在北宋后期出现并且迅速发展成为主流？

【知行合一】

　　1.熟知刺绣的发展历史和四大名绣的类别与特点，了解剪纸、荷包的分类与用途。

　　2.吟诵胡令能的《咏绣障》，试想象绣女针线所描绘出的生动景色——一抹斜阳，满庭鲜花，微风拂裳，引得蜂蝶翩翩起舞，流连忘返。

　　3.观赏宋代的"闺阁绣"绣品，领会"十指春风，盖至此乎"的境界。

　　4.购买一套香囊的材料包，自制一只香囊，试着在香囊上绣上简单的图案（如云朵、花朵或者自己的名字等）。

第二十五课　女人的情感寄托

——手持未染彩，绣为白芙蓉

织锦回文

苏蕙，字若兰，魏晋三大才女之一。她天资聪慧，幼时便能诗善画，尤其擅长织锦与刺绣，及笄后嫁与秦州刺史窦滔，夫妻举案齐眉，相敬如宾。

后来，窦滔遭奸臣陷害，被流放到流沙（今新疆白龙滩沙漠一带），遇到歌妓赵阳台，娶作了偏房。之后，窦滔奉命出镇襄阳，只带赵阳台赴任，留苏蕙一人暗自神伤。苏蕙只能将哀怨的情绪加诸于情诗之中，日日吟诵，还将其织成文诗织锦《璇玑图》寄给窦滔。窦滔捧着《璇玑图》，细细体味，读懂了妻子的一片深情，当即派遣了人马将苏蕙接到襄阳。自此，夫妻恩爱偕老。

苏蕙以聪慧绝伦的心智、巧夺天工的双手，在一个纵横八寸的锦面上，用红、黄、蓝、黑、紫五色彩线，织绣出纵横各29字、共841字的《璇玑图》，纵、横、斜、交互、正、反读，或退一字、迭一字读均可成诗，有三、四、五、六、七言不等，可组成7958首诗。每一首诗都婉转凄切，真情流露，韵节合协，诗文隽永，可谓是精妙无比，千古绝唱。

苏蕙的《璇玑图》，不但开了织锦回文的先河，而且开创和丰富了中国文学的一个重要形式和派别——回文体。

【基础知识】

临行密密缝——母亲的艺术

宋代陈崇的《推广家法》中提到："男司耕读，女司纺织，自是生理。"在传统的家庭观念里，女子的纺织不仅是个人修养，更是补贴家用、抚养子女的重要劳作。

历代靠纺织女红维持生活的良母数不胜数，最广为人知的就是"断织教子"的孟母。除此之外，还有宋代宰相寇准的母亲，她一边纺织一边督促儿子读书。清代诗人蒋士铨的母亲在纺纱织布之余还要教他读书，后来蒋士铨感念母亲的辛苦，请来画师为其画像，题为《鸣机夜课图》，并作《鸣机夜课图记》，详细记录了母亲劳苦的一生。可见，母亲的辛勤劳作不仅能将子女抚养成人，还具有重要的教育意义。

若说纺织是家庭生产生活必不可少的部分，那母亲的艺术更多的是体现在对生活的热爱与对美好事物的向往。新生命呱呱坠地、儿孙满堂是人生中的幸事。在孩子出生与成长的过程中，母亲总是会把祝福与慈爱倾注于手中的针与线，绣在孩子的帽子、衣服、鞋子、肚兜上。绣制成动物形状的帽子，民间称为兽头帽。除了帽子，母亲们在鞋子上下的功夫也不少。一些地区现在还保留着给孩子绣虎头鞋、穿虎头鞋的习俗。衣服、鞋帽、肚兜这些都是生活必需品，而在这范围之外，最考验母亲女红创造力的当属制作布玩具，如布老虎等生肖动物。这些靠一针一线缝出来的布动物，倾注了伟大的母爱，她们希望这些布动物可以祛邪扶正，保佑孩子平安成长，一生顺利。

一针一线话憧憬——爱情的美好

陇东一带有首民歌唱道："八岁学针线，十三进绣房。进入绣房绣鸳鸯，百样故事都绣上。"旧时的女孩子七八岁时就拿针穿线，十岁左右扎鞋垫、袜垫，这是女红基本功的第一关。等到十五六岁，就开始在肚兜、枕头、鞋面上刺花绣画，并为自己的将来做嫁衣婚服。北宋孟元老在《东京梦华录》"娶妇"一条中规定，定亲后男方赠送女方礼物，"女家多回巧作之类"。女子将自己制作的针线活回赠，通常是香囊等寄托情愫的物什，以此展示自己的心灵手巧。在《红楼梦》中，林黛玉就曾将亲手制作的香袋送给贾宝玉。

对于旧时的女子来说，出嫁是一生中最大的事，新娘要从头到脚都是新的。女子订了婚就开始准备嫁衣，从肩上的霞帔到脚上的绣花鞋，还有馈赠给男方家亲戚的香包、钱夹等绣物以及新房中所需要的婚枕、床帘等等，都是女子出阁前一针一线细心绣出来的。

妇解绣花君解画——女子的雅兴

张淑娱的《刺绣图》中提到女子刺绣所需具备的心境与修养："一之品行，二之图案，三之针法，四之材料，五之器具，六之陈设，七之禁忌，八之气候。"旧时女子做女红，除了满足生活需要，更是把自己的情致融入绣艺之中，是独属于女子的雅兴。

唐代，佛法盛行，掀起了绣佛像、绣佛经的热潮。当时还有女子把平日梳头掉落的长发保存起来，刺绣经文和佛像，称作发绣，以此来表达自己对佛、菩萨的虔诚之心。当时的女子绣佛像，必须先净手，虔诚之至。

宋代后，刺绣不仅仅是织物上的装饰，绣起山水、人物、楼台、花鸟来针脚细密，丝毫不逊色于画，闺阁中的女子常常会绣制名家画作，将绣艺与绘画完美地结合，以此怡情，修身养性。

在民间，红白喜事、寿宴、春节期间常会用到剪纸。以前的女子，会在节日剪成燕子、黄莺等花鸟蝴蝶的形状，戴在发髻上，其中人形的叫人胜，立春日戴的叫春胜。新疆曾出土一件吐鲁番阿斯塔那盛唐至中唐墓地唐代人胜，剪七个女子排列成行，用于围饰发髻。

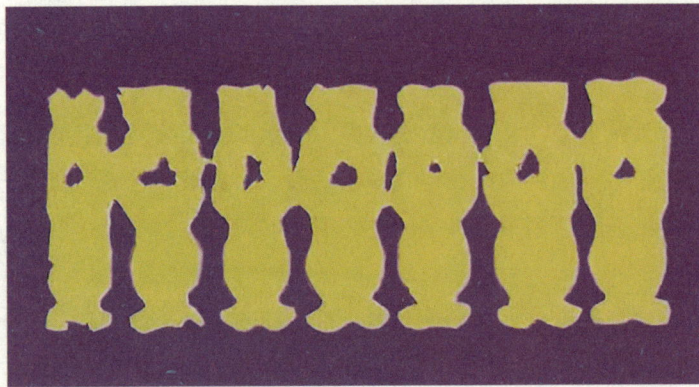

新疆出土的唐代人胜剪纸

【生活如诗】

古意（节选）

唐·孟郊

启贴理针线，非独学裁缝。

手持未染彩，绣为白芙蓉。

芙蓉无染污，将以表心素。

欲寄未归人，当春无信去。

赏阅：

我开始学针线，并不只是为了学一门裁缝的手艺。我拿着未染色的线，一针一线绣出一朵白色出水芙蓉。白芙蓉洁净得一尘不染，以此表示我坚贞纯净的心。我要将亲手绣的白芙蓉寄给从军久久未归的他，又到了暮春季节仍无他的音讯，我的信物还是无法寄出去。

本诗描写一位年轻的离愁女子，在手绢上一针一线绣出白色的莲花，想寄给远在边戍的丈夫，但丈夫久久杳无音讯，信物始终无法寄出的情景，表达了女子对爱情的忠贞之心和对亲人的思念之苦，揭露了战争给女子造成的悲苦。

孟郊（751—815），字东野，湖州武康（今浙江湖州）人，唐代诗人，曾任溧阳县尉。诗人仕途失意，饱尝世态炎凉，此时愈觉亲情可贵，写出了这首发自肺腑、感人至深的情诗。他的诗多写世态炎凉、民间苦难。有《孟东野诗集》。

【艺海拾贝】

　　绣于美术连及书画。书则篆隶体方，行草笔圆，故绣圆难而方易。画则水墨意简，青绿构繁，故绣繁难而简易。忽为易，则易者荒而难矣。慎为难，则难者进而易矣。

——清·沈寿《雪宧绣谱》

　　赏阅：

　　刺绣这门艺术与书法、绘画关系密切。书法中的篆书、隶书字体结构方正，行书、草书笔画圆润流畅，所以刺绣中圆滑的难绣，方正的易绣。绘画中水墨写意内容简洁，青绿画写实却构图复杂，所以刺绣复杂的难绣，简单的易绣。简单的虽然易绣，却会因为忽视荒漏了容易的部分而难臻完美。若对待难绣的部分谨慎认真，那么难的也会变得容易。

　　沈寿（1874—1921），原名云芝，字雪君，晚号雪宧，祖籍浙江吴兴（今浙江湖州），中国近代刺绣艺术家。沈寿在继承中国传统刺绣技艺的基础上，吸收了西洋油画、摄影等艺术的长处，创制了注重光线明暗的仿真绣，使绣品中的形象更加生动。有《雪宧绣谱》。

【乾坤通识】

诗词中的"十指春风"——《九张机》（其二）

　　一张机，采桑陌上试春衣。风晴日暖慵无力，桃花枝上，啼莺言语，不肯放人归。

　　两张机，行人立马意迟迟。深心未忍轻分付，回头一笑，花间归去，只恐被花知。

　　三张机，吴蚕已老燕雏飞。东风宴罢长洲苑，轻绡催趁，馆娃宫女，要换舞时衣。

　　四张机，咿哑声里暗颦眉。回梭织朵垂莲子，盘花易绾，愁心难整，脉脉乱如丝。

　　五张机，横纹织就沈郎诗。中心一句无人会，不言愁恨，不言憔悴，只恁寄相思。

　　六张机，行行都是耍花儿。花间更有双蝴蝶，停梭一响，闲窗影里，独自看多时。

　　七张机，鸳鸯织就又迟疑。只恐被人轻裁剪，分飞两处，一场离恨，何计再相随？

　　八张机，回文知是阿谁诗？织成一片凄凉意，行行读遍，恹恹无语，不忍更寻思。

　　九张机，双花双叶又双枝。薄情自古多离别，从头到尾，将心萦系，穿过一条丝。

　　《九张机》是宋词词牌名，最早见于《乐府雅词》。这是一组具有浓郁民歌色彩的抒情小词，塑造了一个对爱情无比忠贞的民间织锦少女的形象。

　　"一张机"写少女身着春衣，陌上采桑，陶醉在春色之中，黄莺的美妙歌声将她迷住了，舍不得归去。字里行间都是对自然的热爱和对美好生活的憧憬。

　　"两张机"写少女与意中人相遇，男子"立马意迟迟"，见到了窈窕淑女而依依不舍，少女"深心未忍轻分付"，一副情窦初开、春心萌动的模样。"花间归去，只恐被花知"写出了少女初恋时因害羞而忐忑不安的心情。

"三张机"由采桑过渡到织锦,古代吴王宫女要更换舞衣,所以官府逼促织女们赶紧织锦。

"四张机"写女子在织锦时所受的思恋之苦。"回梭织朵垂莲子"中的"垂莲子"是谐音双关,"莲"通"怜",寄托对心上人的爱怜。一双巧手可以轻易织出美丽的花样,而要梳理心中的离别愁绪却是为难不已。

"五张机"织诗绵上,以寄相思。"不言愁恨,不言憔悴,只凭寄相思",两个"不言",寸寸柔肠,缕缕情丝,无处排解。

"六张机"写少女停梭看锦,锦上蝴蝶双飞,这象征着幸福美满的双飞蝶,更是惹起了少女对心上人的思念和孤寂的愁绪,初恋少女的情愫淋漓尽现。

"七张机"写少女织出了鸳鸯戏水的图案,却又担心会遭到裁剪而导致爱侣分离。鸳鸯寄托了少女心中的美好向往,而被裁剪的威胁让她感到恐惧。

"八张机"中少女思恋之中的凄凉意境已经与苏氏的回文诗浑然一体,俱是无奈与凄切。

"九张机"的"双花双叶又双枝"寓意成双成对,可之后又发出"薄情自古多离别"的怨思,有情的少女则"从头到尾,将心萦系,穿过一条丝",这一根丝概括了织锦的全程,更是寓意永结同心,颂扬少女对爱情的向往与执着。

【知学思考】

1. 女红在漫长的历史发展中是如何逐步成为"母亲的艺术"的?

2. 说说刺绣与书画之间有哪些共通与相异之处。

【知行合一】

1. 谈谈你对"女红是女人情感的寄托"这句话的理解,请列举女红在亲情、爱情、怡情三方面的代表作品以及女红在其中的重要意义。

2. 吟诵孟郊的《古意》(节选),体会离愁女子一针一线将相思之情缝进信物中,却不知寄往何方的悲苦心情,懂得珍惜和平年代亲人团聚的日子。

3. 阅读沈寿的《雪宧绣谱》,了解刺绣所需要做的准备用具(绣备),领会其中介绍的几大针法的特点、习用要领和适用范围,能够学以致用,融入日常的刺绣练习中。

第二十六课 新女红时代

——敢将十指夸针巧，不把双眉斗画长

【历史典故】

黄道婆学织

黄道婆，又名黄婆或黄母，松江府乌泥泾镇（今上海市徐汇区华泾镇）人，宋末元初的棉纺织家、技术改革家。她年轻时遭受公婆、丈夫的虐待，逃出家门，走投无路，只好躲进停泊在黄浦江边的一条海船里，随船到了海南岛南端的崖州（今海南崖县）。当地淳朴热情的黎族同胞十分同情黄道婆的不幸遭遇，让她在崖州安居，并且在共同的劳动生活中，把他们的纺织技术毫无保留地传授给她。

黄道婆虚心学习，以自己的聪明与勤劳，融合了黎汉两族纺织技术的长处，逐渐成为一个出色的纺织能手。元代元贞年间，黄道婆从崖州返回故乡乌泥泾。归来后她致力于改革家乡落后的棉纺织生产工具，还把从黎族学来的织造技术，结合自己的实践经验，总结成一套比较先进的"错纱、配色、综线、絮花"织造技术，热心传授给人们。乌泥泾从此出产的被、褥、带、帨等棉织物，上有折枝、团凤、字样等各种美丽的图案，鲜艳如画，畅卖于大江南北，时称淞江布匹"衣被天下"。

【基础知识】

新女红时代的手工艺创作

新女红时代不同于旧时代那样只是为了满足女德和生活需求，而是倡导个性解放、大胆创新、充满情致和新鲜感的手工艺术创作。高级定制、旧物改造、手工艺品的制作等形式都在推动新女红的繁荣发展。

1. 不织布手工

不织布手工，就是用不织布制作的手工。不织布也叫无纺布，是一种不需要纺织而形成的布。不织布的常见针法有毛边缝、卷边缝、藏针缝、平针等。不织布比一般的布要厚和硬，缝制方便，容易定型，做出来的物品可爱逼真。

2. 十字绣

十字绣是用专门的绣线与十字格布，利用经纬交织"搭十字"的方法，对照专有的坐标图案进行刺绣，是当下很流行的手工形式，也是比较容易上手且效果相对美观的一种刺绣方法。十字绣在中国有悠久的历史，是一种古老的刺绣形式，在民间俗称挑花或挑补绣，简单易行，坚固耐用。

3. 立体丝带绣

丝带绣是一种立体绣品，也被称为"洛可可式刺绣"，以色彩丰富、质感细腻的缎带为原材料，棉麻布为主体，针法简单易学。丝带绣源于17世纪的法国，宫廷妇人将丝带设计成鲜花的图案，绣在布上，这样绣出的绣品不仅华彩洋溢，同时还保留了丝绸的高贵细腻感。近几年，丝带绣因用时更短、绣法更随意、成图效果更立体化在中国开始流行起来。

4. 绒线绣

绒线绣，又称绒绣，由西方传入，用彩色羊毛绒线，在特制的网眼麻布上进行绣制。绒线绣因色彩丰富、绣工精良、层次清晰、造型生动、形象逼真等特点深受欢迎。

十字绣与不织布做的玩偶

【生活如诗】

贫 女

唐·秦韬玉

蓬门未识绮罗香，拟托良媒益自伤。
谁爱风流高格调，共怜时世俭梳妆。
敢将十指夸针巧，不把双眉斗画长。
苦恨年年压金线，为他人作嫁衣裳。

赏阅：

贫穷人家的女儿不知道华贵丝绸衣服的芳香，想托个媒人说亲却感到更悲伤。有谁爱自然朴素的高尚格调呢？大家都只喜欢正流行的时世妆。我敢说自己有灵巧的十指，能把针线活做得极好，但没有时间天天描眉化妆与人争短比长。只可惜自己年年手拿金线，绣出的都只是富家小姐的嫁衣裳。

作者借贫女的不幸遭遇倾诉自己不得志的情怀，感慨深沉而又托兴委婉。

秦韬玉（？—882—？），字中明，一作仲明，京兆（今陕西西安）人，唐代诗人，中和二年（882）特赐进士及第，官工部侍郎。有《秦韬玉诗集》。

【艺海拾贝】

怠惰恣肆，身之殃也；勤励不息，身之德也。是故农勤于耕，士勤于学，女勤于工。

——明·仁孝皇后《内训》

赏阅：

懒惰放纵，会使自身遭殃；勤奋勉励，能成就自身的美德。所以，农民勤于耕作，读书人勤于学习，女子勤于女红。

仁孝皇后（1362—1407），明成祖朱棣嫡后，濠州人，明开国功臣徐达嫡长女。《内训》是徐皇后为教育宫中妇女，采辑"古圣先贤"关于女子封建品德的教诲编著而成。

【乾坤通识】

教育传承中的女红

女红一直以来被看作是女子的闺阁技艺，直至清朝末年，女红才开始突破禁锢，走向社会，并出现了女红教育的雏形。

大约在清光绪三十三年（1904），刺绣艺术家、教育家沈寿和她的丈夫余觉在江苏苏州创立"同立绣校"，沈寿和姐姐沈立参与教学，当时有绣工学员30余人。后来清政府农工商部建立皇家绣工学校，就是通常所说的"女子绣工科"，沈寿出任总教习，内设刺绣、书画、国文等科目，以刺绣为主，是中国第一所官办的正式绣艺学校。1911年辛亥革命爆发，清廷摇摇欲坠，绣工科停办。1914年，中国近代实业家张謇在江苏南通创办女红传习所，沈寿应聘担任所长兼教习，这是沈寿在女红教育事业的一个高峰。

在张謇的帮助下，融西方美术与中国传统刺绣工艺为一体的"沈绣"广为传播，传统技艺的教育也更为专业化与职业化。更重要的是，女红不再局限在传统社会的"闺阁"之中，也不再是被妇德束缚的一种必需修养，它成为女子可以从事的工作。刺绣的题材也不只是花鸟鱼虫一类纤弱小巧的物件，可以是人像、西洋神像，甚至融入西洋静物画的概念。沈寿按照"循画理，师真形"的原则，发明的仿真绣，开创了中国新女红时代。

沈寿绣《耶稣像》

现代女红的正规化教育应该是从苏州刺绣研究所开始的。苏州刺绣研究所成立于1954年，主要任务是继承与发扬苏绣，培养专业人才。建所以来，总结、汇集了40多种传统针法，发展了双面绣、乱针绣，创制了双面三异绣等。教育发展中的女红逐渐走出"闺阁文化"的狭窄传承方式，经职业培训，出现了大批现代绣女，她们靠着心灵手巧自力更生，实现了自身的独立价值。

【知学思考】

1. 近代兴起的不同类别新型刺绣有什么共通之处？

2. "怠惰恣肆，身之殃也；勤励不息，身之德也"本是对古代女子的训诫，在现代社会中，对于我们学习和生活又有怎样的启示呢？

【知行合一】

1. 熟知新型编织与刺绣，概括总结分类和各自的特点，并根据特点进行创作。

2. 吟诵秦韬玉的《贫女》，领会贫苦绣女年复一年辛辛苦苦"为他人作嫁衣裳"的感慨与无奈的心情。

3. 根据自己的喜好，买一套新型刺绣的材料包，可以是香包、枕套或者观赏画，完成一件作品，并在实践中领会新型刺绣相比于传统刺绣的进步与不足。

本单元教学建议

◎**教学目标**

1. 了解女红的起源与历史渊源。

2. 了解并熟记女红的分类，掌握纺织、刺绣、编结、剪纸的特点。

3. 了解女红在传统社会中的内涵与意义，以及在新时代下的改进与发展。

◎**教学重点**

1. 掌握女红的分类。

2. 理解女红的文化内涵和在传统社会中的重要意义。

◎**教学难点**

掌握女红的历史发展，以及在传统社会中的内涵意义和当代的发展特点。

◎**广览博学**

1. 搜索、观看纪录片《丝路》，了解纺织的前世今生。

2. 搜索、观看纪录片《了不起的匠人第二季——穿越两千年的蜀锦密码》，感受蜀锦在历史长河中的传承与创新。

3. 搜索、观看纪录片《讲究——苏绣：针融百家，艺开新界》，体悟苏绣的美学理念。

4. 搜索、阅读沈寿的《雪宧绣谱》，了解绣备、绣引、针法、绣要、绣品、绣德等内容。

第五单元

服饰

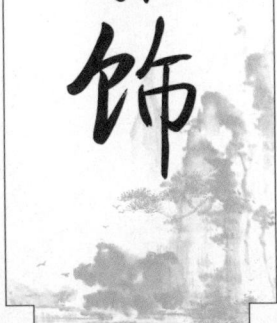

本单元概述

　　本单元安排的课程内容和教学目标是：认识中国传统服饰，了解中国传统服饰的历史、文化内涵与各种形制，知道中国传统服饰使用的质料、服色、图纹、配饰等；通过学习《黄帝垂衣裳》《嫘祖始蚕》等历史典故，了解有关中国服饰的起源，知道中国传统服饰是中华民族古人智慧的结晶，体会服饰的文化内涵；通过赏阅《硕人》《丽人行》等古诗，感悟中国传统服饰之美；通过理解《千字文》《礼记》《宋史》《战国策》中的名句，体会中国传统服饰深厚的历史文化内涵与丰富的美学思想。

第二十七课 服饰的历史渊源与文化内涵
——硕人其颀，衣锦褧衣

黄帝垂衣裳

黄帝时代最重要贡献之一是发明了"衣"和"裳"，它是华夏先民进入文明的标志。华夏衣裳的最早发明者是谁呢？《轩辕本纪》记载："（黄帝时）有臣胡曹造衣，臣伯余造裳。"

相传，在黄帝时期，胡部落有一个人叫胡曹，自幼聪明机智，凡事爱动脑筋，敢于实践，常常令大人们赞叹不已，长大后更是因聪慧勤勉而远近闻名。黄帝素来惜才，找到胡曹后就让他做臣子，为天下百姓服务。

那时生产力落后，人们只能用树叶、兽皮避羞。胡曹觉得这样不仅不能抵御寒冷，而且穿着也不舒适，给生活带来诸多不便。于是，他向黄帝提议发明一种既可以遮羞、御寒，又便于穿着与行动的衣服。黄帝十分高兴，就将做衣的大事交由胡曹负责。经过长期的思考与实验，胡曹终于发明了用麻等材料做成的衣服。

胡曹做衣成功，黄帝对他大加赞赏，但这种衣服比较简陋粗糙。这时，黄帝的另一位臣子伯余提出，可以先用麻捻成线，或搓成绳，接着进行手工编织，最后编成像罗网那样的衣服。黄帝就委派伯余负责革新制衣的工艺。按照伯余的方法做成的衣服虽然还是有些粗糙，却比之前好了许多。后来，黄帝的正妃嫘祖进而发明了养蚕、缫丝、纺线、织布，助黄帝建立衣冠制度，人们用纺轮纺织出来的布制作衣服，不仅牢固轻便，柔软精细，还大大缩短了制作时间。之后纺轮又不断改进，制出的衣服更为舒适美观。

黄帝将衣服的发明和使用与天尊地卑的取向联系起来，使服饰服务于社会政治的需要。以衣服的制式来别尊卑、表贵贱，标志不同人的社会地位，这就使衣服与当时社会的文明联系在一起，成为当时华夏先民进入文明的标志。

【基础知识】

服饰的历史渊源

据出土的骨针、骨锥等史料证明，旧石器时代，我们的祖先就已经具有了一定的缝纫技术。新石器时代，骨针、骨锥大量使用，纺轮和原始织机开始出现。新石器晚期出现了用葛麻与丝制成的衣服，还出现了中国最早、最基本的服装形制——上衣下裳。

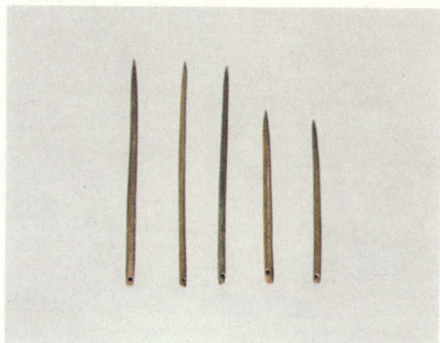

新石器时代的骨针

新石器时代的刻花纹陶纺轮

夏、商、周三代，冠服制度逐步完善，并成为礼治的重要组成部分。周代，将上衣下裳连成一体的深衣制度出现，上襦配下裙的襦裙也已流行。春秋战国时期，游牧民族的胡服（古代西方和北方各族胡人所穿的服装的总称）传入中原地区。

秦统一中国后确立了冠服制度，汉承秦制，对服饰有着严格的等级规定。女子服饰大致可分为深衣和襦裙两大类，深衣为礼服，襦裙为日常穿着。汉代，随着深衣的流行，襦裙日渐衰退。秦汉服饰的风格对后代服饰发展有着重大影响。

魏晋南北朝时期，大量少数民族进入中原，胡服广泛流行。除礼服形制仍旧遵循传统外，民间服饰在吸收民族服饰元素后产生了许多变化，襦裙再次兴起，在民间几乎完全取代深衣。

西汉马王堆汉墓帛画

东晋·顾恺之《洛神赋图》（局部）

隋唐时期，政治稳定，经济繁荣，除继承了先代服饰形制之外，当代服饰的质料与样式有了前所未有的创新。襦裙在隋唐时期得到大力推崇，式样不断改变。由于外来文化的影响，胡服在此时也十分流行。

　　宋代基本保留了服饰的传统形制，大体沿袭唐制，但风格趋于淡雅含蓄。贵族女子礼服大致与唐代相同，常服则基本由大袖上衣、长裙、霞帔等组成。民间女子的服饰一般为直领对襟式的褙子，与贵族女子的大袖衣相区别。

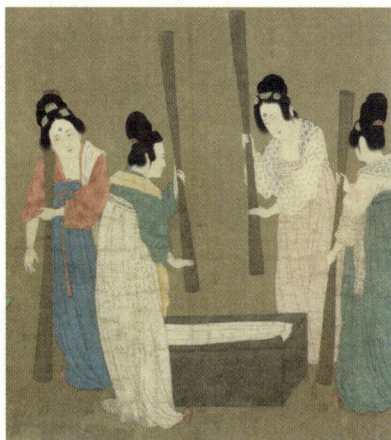

唐·张萱《捣练图》（局部）

北宋·王诜《绣栊晓镜图》

　　明代大体沿袭唐制，同时保留了一部分宋元样式。女子服饰以袄裙、比甲（又称背心，是无袖、无领的对襟，两侧开叉及至膝下的马甲）为主，礼服则由霞帔（宋以来贵妇的命服，式样纹饰随品级高低而有区别）、大袖衣、褙子等组成，霞帔的使用制度越来越规范严格。

　　清朝实行剃发易服制度，但清初汉族女子仍保留明代服饰式样，礼服继承明制。直至清末，满族服饰才逐渐取代汉族传统服饰，汉族女子也穿上了旗装（满族传统服饰）。

明·陈字《阆苑采芳图》（局部）

清·佚名《十二美人图》（局部）

近代，中国传统服饰有过一次划时代意义的复兴，由于受西方文化的影响，女子服饰体现了古今中外融合的美学元素，其典型的款式为旗袍。"在传统与现代、维护传统的保守与追求美的思想潮流碰撞中，旗袍越来越贴近时代、贴近生活，脱离原来的样式，变得经济便利、美观适体。"[1]旗袍是中国和世界华人女性的传统服装，被誉为中国国粹和女性国服，它是中国悠久的服饰文化中最绚烂的现象和形式之一。

旗袍的源头可以追溯到先秦两汉时代的深衣，因大量吸收旗人袍服（旗服）元素，故称为旗袍。北京是旗人聚居最多之地，所以清末民初时期，旗袍属于京派服饰文化体系。至20世纪20年代，在上海出现了融入西洋服饰文化的旗袍。鼎革后的旗袍有了质的变化，主要表现为三个方面：一是旗服宽大平直不显露形体，旗袍开省收腰表现女性体态曲线；二是旗服内着长裤，在开衩处可见绣花的裤管，旗袍内着内裤和丝袜，开衩处露腿；三是旗服面料以厚重织锦或其他提花织物居多并且装饰繁琐，旗袍面料较轻薄、印花织物增多、装饰亦较简约。

步入新世纪，国人观念更新，对于服饰新潮与审美的追求没有止境。同时随着国力的提升，民族自豪感的增强，越来越多的人再次穿上了中国传统服饰，以表达对中国传统文化的热爱。

服饰的文化内涵

《周易·系辞下》中说："黄帝尧舜，垂衣裳而天下治，盖取诸乾坤。"可见，黄帝时期出现了中国最早的服装形制，尧、舜又做十二章纹，服饰的形制与纹饰都取自乾坤，衣取自乾卦，裳取自坤卦。十二章纹中的日、月、星辰、山、龙、华虫、宗彝、藻、火、粉米、黼、黻，分别具有乾卦与坤卦的意义，文化意蕴十分深厚。

唐·阎立本《历代帝王图》（局部）

从《周易》开始，服饰被赋予了重要的社会政治与伦理教化功能。在合称为"三礼"的《周礼》《仪礼》《礼记》中，服饰制度被详备地建立起来。据"三礼"记载，周代已建立了森严的冠服制度，服饰制度可以用来巩固统治，区分等级。《论语·雍也篇》中则记载："文质彬彬，然后君子。"孔子崇尚文质合一，即君子的服饰与本质要相得益彰。在之后的漫长岁月中，服饰都是礼治的重要组成部分。此外，服饰还有一个重要的元素就是审美，从《周易》开始，服饰就奠定了以中和为美的审美观。历代女子利用自己无穷的智慧与想象给予了服饰无止尽的美，或飘逸，或雍容，或纤弱，或雅致，千姿百态，美轮美奂。

---

[1] 陈云飞.穿旗袍的西湖：解读百年旗袍审美文化[M].杭州：中国美术学院出版社，2012.

【生活如诗】

硕人（节选）

硕人其颀，衣锦褧衣。

齐侯之子，卫侯之妻。

东宫之妹，邢侯之姨，谭公维私。

手如柔荑，肤如凝脂。

领如蝤蛴，齿如瓠犀，

螓首蛾眉，巧笑倩兮，美目盼兮。

赏阅：

尊贵的佳人颀长美丽，穿着绣花衣裙，外披飘逸的麻衫。她是齐庄公的女儿，卫庄公的新娘，齐国太子的妹妹，邢侯的小姨子，谭公是她的妹夫。她的手如春天初生的新芽般柔嫩，皮肤如凝结的羊脂一样洁白细腻。她的脖子像小天牛（桑树、果树上的一种白色的虫）一样白而长，牙齿像瓠瓜子一样洁白整齐。她有着与螓（一种蝉）一样宽正的额头与蛾一样细长的眉，笑时露出两个酒窝，漂亮的眼睛黑白分明。

本诗是《诗经》中极言女子之美的一篇，描绘的是庄姜出嫁的场景，着重刻画庄姜的尊贵美丽和婚礼的盛大。诗中描述了庄姜穿着绣花衣裙，外罩麻衫的嫁妆，反映了当时纺织、刺绣、制衣的水平，体现出古人的审美观。

【艺海拾贝】

始制文字，乃服衣裳。

——南北朝·周兴嗣《千字文》

赏阅：

黄帝的大臣仓颉创造了文字，黄帝的妻子嫘祖发明了养蚕治丝，教民制作衣裳。

周兴嗣（469—537），字思纂，江南姑熟（今安徽当涂）人，南朝梁武帝时史学家，博学，善诗文。有《千字文》《起居注》《休平赋》等。

【乾坤通识】

笄 礼

笄，即簪子，古代用来插住挽起的头发或弁冕。笄礼，女子成年所行之礼，相当于男子之冠礼，是古代五礼中嘉礼的一种。

《礼仪·士昏礼》记载："女子许嫁，笄而礼之，称字。"《礼记·内则》也说："女子十有五年而笄。"早在周代，贵族女子就有了在订婚之后举行笄礼的规定。如果是未许嫁的女子，则在年满二十岁时行笄礼。《朱子家训》中详细记载了实施笄礼的具体流程、笄礼冠服等诸多细节。陈设、序立、过程、祝辞等都与男子冠礼相似，仅稍有改变。主宾分别为母亲与亲姻中贤良知礼的女子。实施笄礼，女子由梳双髻改为绾成单髻，簪上笄，服装由被称为衫子的袖子宽大的上衣改为称为褙子的对襟、两侧开叉的外罩式衣。

【知学思考】

1.服饰有什么文化内涵？服饰是怎样被赋予这些文化内涵的？

2.衣服的诞生有什么象征意义？人对于服装有哪四大需求？你是怎么看待服装的审美性的？

【知行合一】

1.了解服饰的历史渊源与文化内涵。服饰的发展与社会其他哪些方面的发展有关？

2.吟诵诗经《硕人》（节选），领会诗中所体现的审美观。

3."衣裳的诞生是人类文明进步的重要标志"，你是怎样理解这句话的？

第二十八课　质料、服色、图纹

——红罗著压逐时新，吉了花纱嫩曲尘

【历史典故】

嫘祖始蚕

相传，黄帝的正妃嫘祖是养蚕治丝方法的创造者，后世把她祀为"先蚕"（蚕神）。嫘祖养蚕治丝的背后还有一段有趣的故事。

胡曹发明了衣服之后，嫘祖专门负责为制衣提供原材料。她每天都带领妇女们上山采集树皮、编织麻网，还把男人们猎回来的野兽剥皮进行加工。不久之后，各部落里大多数人都穿上了衣服。

可不知从哪天开始，人们发现嫘祖总是闷闷不乐，即使做了她平时喜欢吃的东西，她也总是摇头没有一点食欲。于是，妇女们悄悄商量了一下，决定上山采摘一些新鲜的野果给她吃。大家走遍了整座山，尝了许多果子，但都不是很满意。天色渐渐暗了下来，大家只能无奈下山。在下山途中，她们路过一片桑树林，发现树上结满了白色的小果子。这种果子长得很奇特，大家以为终于找到了好的鲜果，便匆匆摘了很多。回去之后，大家尝了尝这新奇的果子，发现不仅没有味道，还咬不断，无奈之下就把它放到了水里煮。可果子还是不烂，一个妇女随手拿起木棍在锅里捣了起来。不一会儿，木棍上居然缠上了许多富有韧性的白线。大家都不明白是怎么回事，只好去询问聪明的嫘祖。嫘祖一看到这雪白柔软的线，脸上顿时流露出惊喜的表情，详细询问大家是在哪里找到的这种果子，沉思良久，嫘祖兴奋地说："这东西可比果子珍贵多了，我要找的就是这种东西，你们立了大功啦！"嫘祖的病即刻好了起来。

原来这种白色的小果子就是蚕作的茧，经热水一烫之后就能抽蚕丝，用丝做的衣服既柔软又轻薄。自此，嫘祖倡导和指导大家植桑养蚕，还建议黄帝发布诏书，动员、鼓励广大民众大力植桑养蚕，同时发展纺织业。此后，人们就穿上轻便、舒适、美丽的蚕丝服装了。

161

【基础知识】

质 料

服饰的材料最初取自植物的花、叶、皮，动物的毛皮、羽等，后来随着纺织业发展，才有了用丝或棉麻等材料制成的衣服。

1. 花、叶、树皮、葛、麻

《九歌·山鬼》中写道："被薜荔兮带女萝。"很久以前，人类就开始用大自然中最常见的花、叶、树皮等作为服饰材料，从最简单的披、带等发展到编织。后来人们又提取植物中的纤维组织，开始了纺织，距今约7000年前，人们对葛、麻等材料的利用水平已相当成熟。

2. 裘、羽

兽类毛皮与鸟类羽毛也是人类最早的服饰材料之一，甚至被视为神圣的制衣材料。裘是兽皮制成的服饰的统称，羽衣则更为广大女子所喜爱，发展成为飘逸绚丽的盛服。

明代葛纱道袍

北齐徐显秀墓壁画

3. 丝

据有关史料记载，丝绸已有长达7000余年的历史。丝织品种类繁多，轻透飘逸，柔软滑腻，以其独特的魅力备受推崇。丝织品的流传还促使了丝绸之路的出现，这条以丝绸贸易为主的道路横贯亚欧大陆，对我国蚕桑丝绸技术的西传起到巨大作用。

4. 棉

中国棉花纺织的历史悠久，但在很长一段时间内都因为技术、种植地偏远等原因而难以广泛流传。直至宋末元初时黄道婆改良了棉织技术，棉布才在中原地区流行，也变得越来越精致，至今仍深受人们喜爱。

素纱禅衣

石青缎织金团龙寿字棉褂

服　色

早在原始时代，先民们就已开始用天然材料进行染色。远古先民对红色情有独钟，而随着对色彩的不断应用，富有中华民族特色的色彩美学逐渐形成。

1. 正色

我国先人对于色彩的追求由来已久，从 25000 年前山顶洞人用赤铁矿粉染装饰品，并用于原始宗教仪式开始，经过对色彩有所偏好的夏、商、周三代，先秦时期已形成了规范的五色理论。五种正色即青、红、白、黑、黄，象征五行、季节、方位等。五色蕴含着深厚的文化底蕴，已形成了一种固定的模式，对之后的用色影响深远。例如，南宋《歌乐图》中的女子便是穿着正色服饰。

2. 间色

正色正统端庄，可天性爱美的女性显然不会受此限制，她们用各种有差异的间色来显示自己的与众不同。间色是在五色的基础上经过调和而产生的颜色，缤纷美妙，变化多端，如明代仇英《贵妃晓妆图》中的女子就是穿着间色服饰。

南宋·佚名《歌乐图》

明·仇英《贵妃晓妆图》（局部）

图　纹

服饰图纹的出现或源于原始时期的人体装饰，从最简单的线条逐渐发展成为精致固定的图纹。至少在舜帝时就已使用的十二章纹，包含了日、月、星辰、龙、华虫等富有中国特色的纹饰。后代对于服饰图纹的选择各有不同，汉代健朗广博，多出现带有吉祥文字的纹饰；隋唐色彩艳丽、雍容华贵，花树鸟兽相映成趣；宋代端庄雅致，图纹更具写实性；明清繁复秾丽，礼服上出现了用以区别等级秩序的补子。种类繁多的图纹令服饰更加丰富多彩，许多固定的图纹还具有特定的含义，表达吉祥如意的企盼。数不胜数的传统图纹，足以体现出中华传统文化的丰富性。

【生活如诗】

离思五首·其三
唐·元稹

红罗著压逐时新，吉了花纱嫩麹尘。
第一莫嫌材地弱，些些纰缦最宜人。

赏阅：

红色软罗用著压工艺制成，总是追求着最新的款式和花样，绣着秦吉了花样的轻纱，染的是酒曲一样嫩红的颜色。不要总是先嫌弃布料材质薄弱，就是要有些经纬稀疏的帛布才是最让人感到舒适的。

《离思五首》是元稹为亡妻所做的一组悼亡诗，字里行间充满怀念之情，情感真挚感人。本诗选自其中一首，前两句写女子服饰总是追求时新，花样繁复，后两句则写即便是有那么多美丽的纱，还是简单稀疏的纱最好，其实是作者对生性淡雅的亡妻韦氏的深切怀念。

【艺海拾贝】

夏后氏尚黑……殷人尚白……周人尚赤。

——西汉·戴圣《礼记·檀弓》

赏阅：

夏朝人崇尚黑色……殷人崇尚白色……周人崇尚红色。

戴圣（生卒年不详），字次君，梁（郡治今河南商丘南）人，又据《成安县志》为魏郡斥丘（今河北成安东南）人，西汉学者，曾任九江太守等职，世称小戴。他选集古代各种有关礼仪的论述，编成《小戴礼记》，即今本《礼记》。

【乾坤通识】

三大名锦

云锦　云锦原产于南京，始于南北朝，盛于明清，传统品种有库缎、库锦与妆花三大类，适于作衣料及装饰等。云锦图案布局严谨庄重，纹样变化概括性强，用色浓艳，色彩丰富，又常以片金勾边、白色相间与色晕过渡，纹样题材有大朵缠枝花和各种云纹等，风格粗放饱满，典雅雄浑，质地一般较为紧密厚重。

蜀锦　原产于四川，是我国传统丝织品。西汉时即有很多花色品种。现代蜀锦用染色熟丝织造，质地坚韧，色彩鲜艳。蜀锦图案题材广泛，多为神话故事、山水人物、花鸟虫鱼等。按照传统构图，大体可分为雨丝锦、方方锦、条花锦、散花锦、浣花锦与民族缎六种。

宋锦　我国宋代及明清时期丝织品，以今四川成都为中心，设有专门机构负责织锦，所制之锦花色品种繁多、质精量高、纹饰丰富。宋锦在宋以后逐渐衰落，明清时期，苏州所产的织锦，因织工精细，在花色品种和图案纹饰上继承宋锦的特点而仍以"宋锦"为名，今世所称宋锦，一般指明清以来的苏织宋锦而言。宋锦依据工艺的粗细、材料的优劣、织物的厚薄及使用性能，分为重锦、细锦与匣锦三种。

缠枝牡丹金宝地锦	红地四合如意纹天华锦	橘黄地盘绦四季花卉纹宋式锦

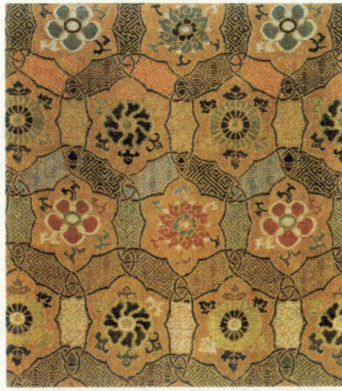

【知学思考】

1. 质料的多样性对服饰的改进有什么意义？
2. 读《礼记·檀弓》中的名句，说说为什么各个朝代对服色的喜好不同。

【知行合一】

1. 掌握服饰常见的质料、服色、图纹，养成一定的审美能力。

2.吟诵元稹的《离思五首·其三》，体会作者对妻子真挚的情感。

3.试着饲养几条蚕，喂食桑叶，保持合适的温度，观察蚕成年吐丝成茧。丝绸就是用蚕丝织成的，一件丝绸衣服会耗去无数的蚕茧，所以我们要懂得感恩自然，与自然万物和谐相处，并学会珍惜得到的每一样东西。

第二十九课 形制分类
——绣罗衣裳照暮春，蹙金孔雀银麒麟

【历史典故】

留仙裙

汉成帝是汉代的第十二位皇帝，他在位期间沉溺于享乐，建造了一艘华丽巨大、足够千人乘坐的船放入太液池，名曰"合宫舟"，专供自己和嫔妃、宫女休闲游玩。

有一次，汉成帝带着皇后赵飞燕乘坐"合宫舟"在太液池中游玩。赵飞燕穿着由南越进贡而来的云英紫裙，外面还有一层如青玉般剔透轻薄的罩裙，衣袂飘飘，犹如仙人。赵飞燕唱起《归风送远》的曲子，汉成帝也用犀角发簪敲响玉杯伴奏。赵飞燕一边唱歌一边跳舞，汉成帝命侍郎冯无方吹笙配合。船行到池中央，忽然起了一阵大风，身材纤弱的赵飞燕差点被风吹进太液池，衣裙被吹起来，犹如一只展翅高飞的蝴蝶。船上众人见了这一幕纷纷惊叹，生怕皇后会被风吹下去，汉成帝连忙命令离赵飞燕最近的侍郎冯无方保护她，冯无方当即扔掉乐器，牢牢拽住赵飞燕的衣裙。

良久后，狂风停了下来，赵飞燕的裙子已经被冯无方捏出了许多褶皱，可带着褶皱的裙子看起来更美了，从此，嫔妃、宫女们相继模仿穿着褶皱的裙子。这种带着褶皱的裙子就叫"留仙裙"。

【基础知识】

古代服饰形制分类

我国古代服饰式样多样，上衣一般称为衣，下衣称为裳，衣裳相连即为深衣。在此基础上，衍生出无数美丽奇妙的服饰。

1. 上衣

历代礼服多为深衣制。深衣是汉服的代表性款式，起源于虞朝，是周朝以来历朝推崇的正统服装。《五经正义》中记载："深衣，衣裳相连，被体深邃。"深衣制是衣裳制之外的另一种基本形制，上衣下裳连为一体，使身体深藏不露，雍容典雅。《礼记》中专门有《深衣》一篇记载了深衣制的具体细节。深衣经过发展，衍生出了襜褕、袍、褙子等。

深衣的衣襟接长，成为三角形、圆形或梯形，绕过身后再掩到身前，这就是曲裾。曲裾深衣在秦汉时非常流行，下摆如鱼尾，极富风韵。

襜褕是直裾之服，直裾深衣下摆垂直，穿着时系带固定。相较曲裾，深衣更为宽松，是东汉之后深衣的主要形制。袍类似于襜褕，有衬里和絮，后来逐渐与襜褕融合，统称为袍，隋唐是袍的兴盛时期。礼服常为袍制，先秦时的王后六衣即为袍制，并一直延续到明代。

朱红菱纹罗曲裾式丝绵袍　　　　　　　　　印花纱襜褕

袿衣是在曲裾的基础上发展而来的另一种深衣形制，衣片如三角的圭，据说是仿照玄鸟燕尾而来，如东晋顾恺之《女史箴图》中的女子便是穿的袿衣。缘边深红色的袿衣，称为诸于。杂裾则是袿衣的进一步演变，加上长条形的装饰，飘逸灵动。

衫是一种轻薄的上衣，一般为对襟，适合夏季穿着。晚唐妇女尤其喜爱穿纱罗衫，如唐代周昉《簪花仕女图》中便生动描绘了穿衫的女子。

东晋·顾恺之《女史箴图》（局部）　　唐·周昉《簪花仕女图》（局部）

褙子，也叫背子、绰子、绣裾，多以直领对襟为主，两掖开叉，腰间用勒帛系束，长度过膝，

飘逸修长，花纹精致，宋代蔚为流行，如明代唐寅《孟蜀宫妓图》中女子穿的褙子。

襦是一种短衣，长度一般仅到腰间，故又称腰襦。汉魏时，襦多为大襟窄袖，隋唐时更多地采用对襟，下端束在裙内。襦在宋代因褙子的出现而不再盛行，直至元代才重新流行。周昉《挥扇仕女图》中仕女就穿着襦。

明·唐寅《孟蜀宫妓图》（局部）　　唐·周昉《挥扇仕女图》（局部）

袄是在襦的基础上演变而来的一种短衣，一般比襦长，比袍短。袄较为厚实，常用作秋冬御寒衣物，多为大襟窄袖，明清时尤为流行。

明·佚名《宪宗行乐图》（局部）

半袖，也叫半臂，袖比一般上衣短一半，袖口有平直无装饰的，也有加装饰和做褶皱的。半袖在隋代之前就已出现，但隋代起女子才开始穿着，唐代时更为普及。唐代半袖主要用织锦制作，有保暖作用。

马甲，马甲的长度一般只至腰间，元明清时期出现的长至膝盖的马甲称为比甲。马甲一般为对襟直领，出现于元代，深受明代女子喜爱。

永泰公主墓壁画中穿半袖的女子

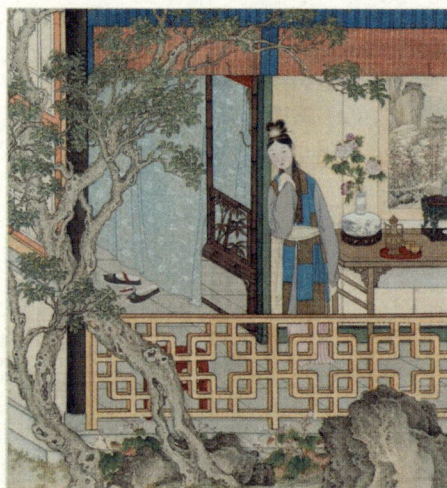

清·佚名《燕寝怡情图》

2. 下衣

西汉《毛传》中说："上曰衣，下曰裳。"衣裳是我国最早也是最基本的服装形制，相传黄帝时期就已形成了完备的衣裳制度。衣，即穿在上身的衣服；裳，即裙子，古代下身穿的衣服，分为两片，一片蔽前，一片蔽后，用布带系于腰上。

裙，通群，即多幅布拼合之意。汉代，裳的前后两片被连成一片，即为裙，裙在南北朝之后成为女子专用。裤，也称绔、袴，最初仅有两条裤管，要与围裳结合穿着。受北方少数民族影响，形制完善的裤盛行于魏晋，唐代女子更以穿着长裤为风尚。即便是穿裙，也可在裙中穿裤。

五代·顾闳中《韩熙载夜宴图》（局部）

烟色牡丹花罗开裆裤

【生活如诗】

丽人行（节选）
唐·杜甫

三月三日天气新，长安水边多丽人。
态浓意远淑且真，肌理细腻骨肉匀。
绣罗衣裳照暮春，蹙金孔雀银麒麟。
头上何所有，翠微匐叶垂鬓唇。
背后何所见，珠压腰极稳称身。

赏阅：

三月三日上巳节，天气清新，长安城曲江河畔来了许多美人。她们妆容美丽，神态自然，皮肤细腻，身材匀称。刺绣精美的丝绸衣裳与春景交相辉映，上面是金线绣的孔雀与银线绣的麒麟。她们头上戴的是什么？翡翠头饰垂在双鬓上。她们背后佩戴着什么？珠玉压着裙带妥帖合身。

《丽人行》描绘了上巳节女子游玩踏青的场景。节选部分写曲江边美人如云，极言服饰与神态之美，以引出下文对杨贵妃姐妹的描写。本诗作于唐玄宗宠幸杨家，杨国忠擅权的背景之下，含蓄地讽刺了时事，语言细腻，讥讽犀利。

杜甫（712—770），字子美，自号少陵野老，祖籍襄阳（今属湖北省），生于河南巩县（今河南巩义），唐代现实主义诗人，曾被荐为检校工部员外郎，后世又称他为杜少陵、杜工部。杜甫的诗多为忧国忧民之作，集古典诗歌之大成，并加以创新和发展，给后代诗人以广泛的影响。被后人称为"诗圣"，与李白合称"李杜"。有《杜工部集》。

【艺海拾贝】

完且弗费，善衣之次也。

——西汉·戴圣《礼记·深衣》

赏阅：

（深衣）样式完善而没有布料浪费，是除祭服之外最好的衣服了。

【乾坤通识】

补子袍

　　补子，又称背胸、胸背，补缀于官服前后的织物，是明清时期区别官员品级的标志。用禽兽纹区分等级源于唐代的异文袍，其文化内涵可追溯至十二章纹，但真正意义上的补子制度则是在明代定型。

　　根据明代《明会典》的记载，文官以各种飞禽作为补子图案，象征温文尔雅，一品至九品，分别为仙鹤、锦鸡、孔雀、云燕、白鹇、鹭鸶、鸂鶒、黄鹂、鹌鹑；武官以各种猛兽作为补子图案，象征勇猛强悍，一二品为狮子，三四品为虎豹，五品为熊罴，六七品为彪，八品为犀牛，九品为海马。受过诰命的命妇也有补服，所用的补子图案以丈夫或儿子的官品为准，尺寸稍小。但是，武官的母亲或妻子所用的补子也是飞禽，意为女子贵在闲静，不必尚武。

清代二品命妇彩绣霞帔上的补子

【知学思考】

　　1. 古代服饰的多种形制在现代服饰中有什么体现？
　　2. 读《礼记·深衣》中的名句，说说深衣都有哪些优点。

【知行合一】

　　1. 知道服饰常见的形制，养成一定的搭配能力。说说每个朝代各自有代表性的服饰与搭配。
　　2. 吟诵杜甫的《丽人行》（节选），感受作者笔下的丽人特质，以及丽人与穿衣佩饰的关系。
　　3. 上巳节是古代文人曲水流觞的日子，也是恋人在大自然中约会的情人节。三月初三约起三五好友，身着美丽优雅的汉服（或深衣，或襦衣）参加节日，感受悠久的中国文化传统，游历历史长河中的服饰文化雅集。

第三十课 穿衣与配饰
——虹裳霞帔步摇冠，钿璎累累佩珊珊

浙东女子尽封王

北宋末年，金兵入侵，宋徽宗赵佶封第九子赵构为兵马大元帅，命他率兵救援。赵构不敌金兵，反被追赶到了宁海，又和手下的士兵走散，孤身一人逃亡。就在金兵紧追的危急时刻，一位采茶的村姑急中生智，用竹箩筐将赵构罩住，又解下自己的拦腰布盖在上面，赵构就此得救。

赵构对救了自己一命的村姑感激不尽，表明了自己的身份，许诺如果自己能够登上皇位，一定封她做皇后，还约定以这块拦腰布挂在自家门口作为凭证。

第二年，赵构登基为帝，即宋高宗。他履行当日诺言，派人来寻找那位村姑。使者到了宁海当地发现，每个有女孩的人家都在门口挂上了拦腰布，根本无法判断哪家姑娘才是当年的救命恩人。宋高宗为了这件事日夜不安，最后只好下了一道"浙东女子尽封王"的圣旨，特许当地女子出嫁时皆可以穿戴凤冠霞帔，花轿雕龙画凤，以享受公主婚礼的待遇。

【基础知识】

服装与饰品的搭配

古代对穿衣佩饰十分讲究，其中有审美的要求，也有身份的象征。唐代诗人李贺在《天上谣》中写道："粉霞红绶藕丝裙，青洲步拾兰苕春。"绶，是先秦时用以系佩玉、官印等东西的丝带，其色彩、花纹、长度和所用丝线的股数标志着不同的身份等级。

衣带，即束衣的带子，加在衣领与衣襟上，系在衣襟上的衣带称为

襟带，也叫衿带。衣带兼具实用性与装饰性，女子可以将镜子、铜钱、香囊、鲜花等小物品系于衣带上。

衣纽，即衣扣，由衣带发展而来。宋元以来，衣纽形状多样，还镶嵌上金银珠宝等作为装饰。明清时，直领衣物常在衣领下点缀衣纽，既可约束住领口，也可作为装饰。

银鎏金嵌宝石梅花形纽扣

腰带是用以束腰的带子，历史悠久，材料从皮革到布帛不等，千百年来从未中断。屈原就曾在《九歌·少司命》中写道："荷衣兮蕙带，倏而来兮忽而逝。"腰带的作用从最初的约束衣服逐渐发展丰富，可以系上鲜花和小物品等，也可以作为赠礼、书写诗词等。

云肩，由披肩发展而来，多为方形或圆形，用质地较厚的布帛制作，前后左右各饰一个云头，中间有领口，领口正前部位开做直襟，系于颈前，披在肩上。云肩由据说为秦始皇创制的绕领发展而来，最迟在元代时已非常普及，明清时尤其流行。云肩具有丰富的文化内涵，象征幸福美满，多样的吉祥图纹代表着古代女子的聪慧灵巧。

新石器时代雕有腰带的凌家滩玉人

缀孔雀翎如意云肩

披帛是搭在肩背、缠绕在双臂的长条形饰带，一般为薄纱材料，上有印花或金银线织就的图案。披帛出现于秦汉，盛行于隋唐。披帛使得女子显得婀娜修长，几乎是唐代女子不可缺少的服饰之一。如《簪花侍女图》中仕女的披帛。

帔是宋代在披帛的基础上发展而来的服饰，下端由帔坠固定，相较披帛的摇曳更显端庄。帔分为直帔与霞帔，直帔普通女子皆可使用，霞帔则是命妇才可使用。明清时，霞帔有所改制，民间女子在出嫁时也可使用。

唐·周昉《簪花仕女图》（局部）　　明代宁靖王夫人吴氏墓出土霞帔

【生活如诗】

霓裳羽衣舞歌（节选）

唐·白居易

舞时寒食春风天，玉钩栏下香案前。
案前舞者颜如玉，不著人间俗衣服。
虹裳霞帔步摇冠，钿璎纍纍佩珊珊。
娉婷似不任罗绮，顾听乐悬行复止。

赏阅：

歌舞表演选在寒食节前后春光明媚的日子里，地点选在玉栏杆下，香案之前。案台前的舞者容颜如玉，穿的不是人间普通的衣服。她们身穿彩虹般的裙子，披着霞帔，走路时头上的发冠不停摇动，身上金玉等饰品层层摇曳。她们婀娜纤袅仿佛不堪华裳，随着音乐节奏不断行动或停止。

作者着力描写了舞女们服饰之华美，将她们形容得如同仙女。从中也可见服与饰的搭配极为重要，和谐的服饰搭配才能凸显美人之美。

【艺海拾贝】

其常服，后妃大袖，生色领，长裙，霞帔，玉坠子。

——元·脱脱《宋史·舆服志》

赏阅：

常服，后妃穿大袖，配彩色花纹的领子，着长裙，披霞帔，戴玉坠。

脱脱（1314—1355），又名康里脱脱，字大用，蒙古人，元顺帝妥欢贴睦尔朝大臣，曾任中书左丞相。修《宋史》《辽史》《金史》。

【乾坤通识】

环　佩

环佩是古人所系的佩玉，后多指女子所佩的玉饰。中国人对玉的喜爱似乎是与生俱来的，而玉佩又是国人热爱玉的一大体现。自战国至汉武帝时期，玉佩更趋于繁缛华丽，由许多小玉佩串联组成的杂佩随之出现，成为佩戴者身份的象征。杂佩的组成有珩、璜、琚、瑀、冲牙等，珩是系在上方的两块玉，璜是系在下方的两块玉，冲牙系在下方两块璜的中间，琚与瑀间杂在珩与璜之间。环佩还衍生出了禁步，禁步是环佩中极为复杂的款式，最初用于压住裙摆，也用于约束女子的举止。明代对于禁步的佩戴有严格的要求，后妃们在受册、谒庙、朝会等隆重场合穿着礼服时才可搭配。

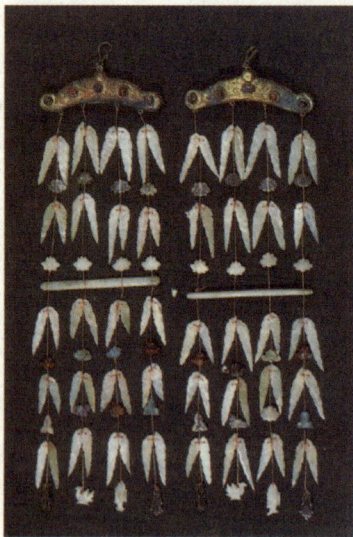

明代玉禁步

【知学思考】

1. 配饰对于穿衣的重要意义是什么？

2. 读《宋史·舆服志》中的名句，说说霞帔有怎样的文化内涵。

【知行合一】

1. 知道服饰中常见的配饰，学会合理搭配服装与饰品。

2. 吟诵白居易的《霓裳羽衣舞歌》（节选），感受盛唐服饰的华丽以及搭配的考究精致。

3. 去博物馆参观各式各样的服饰，体会每个朝代时尚服饰的款式，体会服饰搭配的原则，想一想这些原则对现代服饰搭配有什么启发。

第三十一课　服饰审美的演变

——城中好大袖，四方全匹帛

男装公主

太平公主是唐高宗李治与皇后武则天的小女儿，极受宠爱。她从小就聪慧懂事，且不受宫规约束，性格洒脱。

有一次，吐蕃派使者来求亲，想娶太平公主，唐高宗和武则天都不舍得让太平公主远嫁，可又不能当面拒绝使者，于是便修建了太平观让太平公主出家住进观里，并以公主已经出家为由避免了和亲。

多年之后，高宗举办内宴，太平公主回宫参加酒宴。她穿紫袍佩玉带，戴着男子的黑色罗纱发冠，带着武官佩带的佩刀、刀子、砺石、契苾真（用于雕凿的楔子）、哕厥（用于解绳结的锥子）、针筒、火石七件东西，在高宗和皇后面前高歌劲舞。武则天看着男子样装束的女儿大笑说："你又不是武官，怎么这般装束？"太平公主笑道："将这些装束赐给驸马可以吗？"唐高宗立刻明白了女儿的意思，于是就让她挑选驸马。太平公主选中了才貌双全的薛绍喜结连理，而她在宫宴上穿着男子装束成了唐朝"女着男装"风尚的开端。

【基础知识】

服饰审美的时代特征

中国传统服饰的审美有着中和内敛、端庄华丽、舒朗飘逸的特点。虽然具体审美风格随着时代、个性等原因发生改变，但总体基调始终一脉相承。

夏、商、周时期，审美风格端庄雍容、神秘浪漫。到了战国时期，墨子提出反对泥古，主张服饰应适时而变。公元前307年，赵武灵王推行胡服骑射，虽然仅限于军中装束，却成了胡服进入中原的开端。

秦汉时期的服饰沿袭战国时期楚国的审美风格，绚丽飘扬、含蓄儒雅。秦朝执政时间较短，仅规定了将黑色作为崇尚的服色。具体形制直到汉代才进入制度化，下摆如喇叭的曲裾深衣是当时最常见的形制之一。

西周时穿着贵族服饰的玉人

穿着深衣的楚王墓陶俑

　　唐代是中国服饰史上浓墨重彩的一个朝代，服饰发展达到了鼎盛时期，风格精致鲜艳、大气华贵。由于对外交流广泛，胡服在当时十分流行，备受女子喜爱。唐代思想开放，女着男装也是这个时期的服饰特色之一。在武则天、太平公主等人倡导下，女着男装的风尚流行于宫中，后来传至民间，成为一种社会上常见的女子服饰。从唐代张萱《虢国夫人游春图》中穿男装的虢国夫人，可见女着男装在当时宫廷中颇为流行。

唐·张萱《虢国夫人游春图》（局部）

　　宋代，理学盛行，服饰不似唐代奢华艳丽，审美追求纤细淡雅。服饰的图案精细，色彩素雅，多用垂直的线条表现出柔弱美。无论男女贵贱都流行直领对襟的褙子，修身适体是宋代服饰的一大特点。

　　明代，服饰审美继承了宋代素雅之风，简单精致。服饰观念在明清时期已相当成熟，李渔是代表性的美学家之一，提出了"衣以章身"的服饰审美理论，认为质胜于文，身是"形体"与"品性"的整体表现，穿着者的品性引导并规定着服装对"形体"的彰显、强化和增益，同一衣裳穿在不同的人身上彰显出各自的特点，甚至服装上配搭的一件小饰品亦然。

　　清代流行的女子服饰为氅衣。氅衣左右衩开至腋下，开衩的顶端均饰有云头；氅衣纹样品种繁多而华丽，并有各自的含义；氅衣边饰镶滚十分讲究，其道数多达十八道，故有"十八镶"之称。氅衣这种重装饰风尚，一直到民国期间仍继续流行。

南宋·佚名《歌乐图》

清·陈枚《月漫清游图》

服饰的演变体现着古人的审美倾向与思想内涵，从中也可以看出历史的变迁、经济的发展与人们文化审美意识的嬗变。服饰体现着我国的审美风格与地域风情，它是中国传统文化的重要组成部分。

【生活如诗】

城中谣

城中好高髻，四方高一尺。
城中好广眉，四方且半额。
城中好大袖，四方全匹帛。

赏阅：

京城流行束高发髻，天下人的发髻就会高达一尺。京城流行画宽眉，天下人立即画上宽半个额头的眉毛。京城流行穿大袖，天下人做衣服就要用一整匹帛。

这首歌谣是东汉流行于京城洛阳的一首童谣，选自《乐府诗集·杂歌谣辞》，语言通俗易懂，风格夸张诙谐。高髻、广眉、大袖，都是汉代京城女子流行的穿衣打扮，引得天下女子竞相模仿，却并不考虑是否与自己相配，讽刺了当时的盲目跟风现象。

乐府是自秦代以来设立的配置乐曲、训练乐工和采集民歌的专门官署，汉乐府指由汉时乐府机关所采集的诗歌，具体作者无考。这些诗，原本在民间流传，经由乐府采集、整理、保存下来，汉人叫歌诗，魏晋时始称乐府或汉乐府，它是继《诗经》《楚辞》而起的一种新诗体。后世文人仿此形式所作的诗，也称乐府诗。

【艺海拾贝】

夫服者，所以便用也；礼者，所以便事也。

——西汉·刘向编订《战国策》

赏阅：

衣服，是为了便于穿着使用；礼制，是为了方便行事。

《战国策》是战国时游说之士的策谋和言论的汇编，最初有《国策》《国事》《短长》《事语》《长书》《修书》等名称。西汉成帝时，刘向进行整理，按东周、西周、秦、齐、楚、赵、魏、韩、燕、宋、卫、中山 12 国次序，编订为三十三篇，并取名《战国策》。

【乾坤通识】

女子服饰礼仪

服饰不仅仅是为了遮羞和御寒防晒，更是被赋予了彰显个人气质、文化内涵和表达审美品位等多种含义。服饰搭配早已成了一种礼仪，不同的场合有不同的着装规则。

女子服饰礼仪最基本的原则是整体协调，即服饰色彩、款式、材料等的选择要与自己的体型、身份、年龄、职业、场合等协调融洽。体型较为丰腴的女子应选择合身而简洁的款式，不能穿得太过紧身；与不同身份的人见面时，服饰不仅要符合自己的身份，也要符合对方的身份，不可太过寒酸或太过奢华，更不能邋遢；参加户外活动时，宜穿轻便舒适的运动型、休闲型服装与平底防滑鞋；亲戚或老朋友聚会，宜穿休闲服、日常便服，过于庄重会显得彼此生分，过于随便会显得对客人轻视；参加重要的宴会应穿晚礼服，搭配高跟鞋；年纪较大者，不适宜穿太过花哨的服饰和高跟鞋，年纪较轻者不适宜穿太过稚气或老气的服饰。总而言之，穿衣佩饰合适才是最美的，合适才符合礼仪要求。此外，干净整洁是女子服饰礼仪中重要的原则，再昂贵时髦的服饰，染上了脏物也会黯然失色，更显得着装者本身不雅致的精神面貌。

【知学思考】

1. 人们对于服饰的审美会因何而变？
2. 读《战国策·武灵王平昼闲居》中的名句，思考服饰与礼仪之间的关系。

【知行合一】

1. 了解服饰审美的演变过程，懂得穿衣佩饰要因人而宜、因场而异、因时而变。

2. 吟诵《城中谣》，懂得穿衣佩饰不能盲目跟风，要根据自身的身份、职业和年龄等特点，选择最适合自己的服饰，以彰显自我气质之美。

3. 观看几场时装秀，欣赏现代服饰之美，并从中寻找现代服饰中的传统美学元素。

本单元教学建议

◎**教学目标**

1. 了解中国传统服饰的历史渊源、各种形制的演变及不同的文化内涵。

2. 知道中国传统服饰使用的质料、服色、图纹和配饰等。

3. 了解有关中国传统服饰的故事，知道中国传统服饰是先人智慧的结晶，体会服饰深刻的文化内涵。

4. 了解中国传统服饰的搭配，体会中国传统服饰之美，以及中国传统服饰深厚的历史文化内涵、丰富的美学思想。

◎**教学重点**

1. 掌握中国传统服饰的形制与文化内涵。

2. 掌握中国传统服饰的质料、服色、图纹与配饰。

3. 感悟中国传统服饰的文化内涵与美学思想，体会中国传统服饰之美。

◎**教学难点**

掌握中国传统服饰各种形制的演变及不同的文化内涵。

◎**广览博学**

1. 搜索、阅读沈从文的《中国古代服饰研究》。

2. 搜索、观看纪录片《中国服饰文化》。

3. 搜索、观看纪录片《古诗话服饰》。

4. 搜索、观看纪录片《锦绣记》。

5. 搜索、观看纪录片《中国衣裳》。

第六单元

妆容

本单元概述

　　本单元安排的课程内容和教学目标是：认识传统妆容，了解妆容的历史渊源、面妆、眉眼妆、唇妆、妆容与礼俗、妆容与仪态美以及现代妆容中的古典美学元素等基本知识；通过学习《落梅妆》《晓霞妆》等历史典故，了解新式妆容的出现过程；通过赏阅《清平调·其一》《菩萨蛮》等古诗词，体会古典妆容独特的韵味；通过理解《神女赋》《洛神赋》中的名句，明白美好的妆容与得体的姿态对女子的气质、容貌有着恰到好处的衬托作用。博古通今，推陈出新，借鉴古代妆容的美学元素，创新适合于当代生活美学的妆容方法，提升自我颜值、气质、自信心和生活品位。

第三十二课 妆容的历史渊源

——云想衣裳花想容，春风拂槛露华浓

落梅妆

落梅妆，即在额上画一个圆点或者多瓣梅花状图形，又称梅花妆。相传，南北朝时期，南朝宋武帝刘裕的女儿寿阳公主在花园中赏梅，走累了便停在园中小憩，忽然有梅花飘落，恰巧

落在她的前额上，留下了淡红色的痕迹。寿阳公主本就姿容甚美，额前的五瓣梅花更是衬得她娇艳动人，此后她便照此妆来打扮自己。宫女们觉得寿阳公主额头上的梅花妆饰很娇俏，也都竞相模仿。但是，梅花应季而开，并非四时都有，她们就把金箔剪成花瓣状，贴在额上或颊上，后来人们称之为梅花妆。当时贵戚子弟爱慕寿阳公主美貌，对她大献殷勤，可她却不以为然，只是戏弄他们。武帝便教导她说："这些男子垂涎你的美色，你看不上他们但不能戏弄他们。你贵为公主，更应该稳重大方、优雅端庄，才配得上你的美貌。"此后，寿阳公主勤加练习琴棋书画，修身养性，使自己更具气质之美。后来，落梅妆传到宫外，官宦小姐、民间女子以及歌伎们都争相效仿，一直到宋代都十分流行。

【基础知识】

妆容的历史演变

关于妆容的起源众说纷纭，主要有驱病说、装饰说、保护说、标志说与追求异性说等等。驱病说，即远古时候人们把颜料涂抹在脸上或身上，以此来驱病免灾；装饰说，即从自然中受到启发，把花、动物等图案以纹身的形式画在皮肤上；保护说，远古时候的人们通过涂抹色彩来伪装或隐藏身体以保护自己；标志说，即远古部落中，为了标识地位、阶级、性别

等，装饰上特定的图案，后来逐渐演变成妆容的组成部分；追求异性说，即通过装饰身体与面部以展现自己的魅力，引起异性的关注。

一般认为，中国女子真正的化妆习俗开始于夏、商、周时期，妆容以自然清丽为美。晋代崔豹的《古今注》中提到"三代以铅为粉"，《韩非子》中也提及了脂、泽、粉、黛四种化妆品。

战国时期，化妆风格比较素雅，就如《楚辞·大招》中说的"粉白黛黑，施芳泽只"。因此，这个时期也被称为素妆时代。

秦代，妆容大致以柔美典雅为主，多是宫中的嫔妃为了侍奉帝王才需要化妆，宋人高承在《事物纪原》中记载："秦始皇宫中，悉红妆翠眉。"劳动妇女大多无暇顾及化妆，史书中也很少有相关的记载。

两汉时期，在保留秦代遗制的基础上，有了很大的变化。红妆在此时流行起来，这是先秦素妆时代步入后世彩妆时代的重要分水岭。

战国时中山国女俑　　　　　　　西汉跪坐拱手陶俑

魏晋南北朝时期，女子的化妆技巧渐趋成熟。经过改良创新，该时期出现了诸如晓霞妆、落梅妆、额黄妆等新式妆容，用色大胆，求新求异，呈现多样化的倾向。

隋代，女子崇尚简约之美，妆饰没有繁杂的式样。

唐代，国力强盛，经济繁荣，妆容受外域文化的影响，崇尚新奇之风，以丰腴为美，整体富丽华贵。唐代女子们敷铅粉、抹胭脂、画黛眉、贴花钿、点面靥、描斜红、涂唇脂，对红妆极为偏爱。

东晋·顾恺之《女史箴图》（局部）

新疆阿斯塔那墓出土的《弈棋仕女图》（局部）

宋代，民风相对保守，女子妆容不像唐代那样浓艳华丽，整体风格素雅自然，远山眉较为流行。当时三白妆备受青睐，面靥、额黄、斜红也用珍珠妆饰取而代之。

元代，女子妆容整体比较随意，宫廷中多以暗红色着妆，民间则基本素颜。蒙古族逐水草而居，女子的妆容也讲求朴素便利，直到入主中原逐渐汉化后才有所改变。

宋·佚名《四美图》（局部）

山西洪洞明应王殿元代壁画（局部）

明代，女子着妆整体偏亮，妆感比较自然，偏爱纤纤细眉与樱桃小口，喜欢将眉毛修成蛾眉或柳叶眉，以彰显姿色。

清代，女子的妆容素雅简约，眉毛纤细而长，眼妆清淡，唇妆追求小而润的效果。官宦与宫廷女子以橘色为主，唇色艳红居多，强调雍容华贵，而民间则多素净妆容。

明·佚名《仕女图册》（局部）　　清·佚名《执瓶仕女图》（局部）

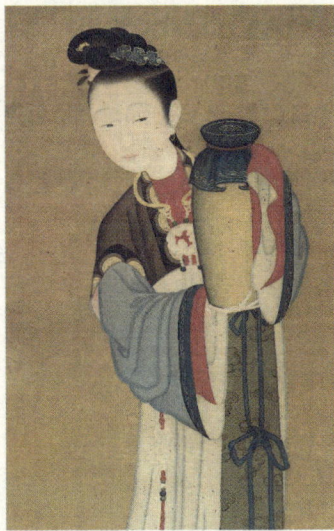

【生活如诗】

清平调·其一

唐·李白

云想衣裳花想容，春风拂槛露华浓。
若非群玉山头见，会向瑶台月下逢。

赏阅：

（杨贵妃的）衣裳像云霞一般缥缈美丽，容颜如春风吹过栏杆时的牡丹在晶莹的露水衬托下那样的艳丽。如此天姿国色，若不在群玉山头见到她，那就只有在月下的瑶台才能相逢。

此诗是李白在长安供奉翰林时所作，想象巧妙，交替写牡丹和杨贵妃，人花相映，人美花娇，盛赞了杨贵妃国色天香的美貌。

【艺海拾贝】

貌丰盈以庄姝兮，苞温润之玉颜。眸子炯其精朗兮，瞭多美而可观。眉联娟以蛾扬兮，朱唇的其若丹。素质干之醲实兮，志解泰而体闲。

——战国·楚·宋玉《神女赋》

赏阅:

　　她的体态丰满端庄美好,她的容颜温润如玉。她的眼睛如盈盈秋水般清澈明亮,顾盼流转,含情脉脉。她细长的蛾眉上扬,红唇像点过朱砂。娇娆的身段丰腴而富有韵味,优雅的神态安娴优雅、温和静秀。

　　宋玉(约前298—约前222),战国鄢城(今湖北襄阳)人,楚国辞赋作家,是屈原诗歌艺术的直接继承者。在他的作品中,物象的描绘趋于细腻工致,抒情与写景结合得自然贴切。有《九辩》等。

【乾坤通识】

画中仙

1.《女史箴图》

　　该作品是东晋画家顾恺之的传世名画,从中可以看出,魏晋时期女子的妆容仍保留了汉代的长眉红唇,面妆也比较清淡素净。

2.《簪花仕女图》

　　这幅画相传是唐代周昉所绘。画家以细劲流动的线条和浓丽多姿的色彩描绘出当时的仕女形象:圆脸丰额,黛眉细眼,高髻簪花,薄纱披身,体态丰腴,服饰豪华。画面中最突出的就是女子粗短的蛾眉,朱唇殷红一点,是典型的中晚唐仕女妆容。

东晋·顾恺之《女史箴图》(局部)　　唐·周昉《簪花仕女图》(局部)

3.《唐人宫乐图》

这幅画描绘了唐代宫廷仕女宴乐的生活场景。围桌而坐的十位贵妇，发髻高挽，衣着华丽，神态各异，以典型的三白之法化妆，眉细而长，两颊涂红如桃花。

4.《韩熙载夜宴图》

这幅画是五代南唐画家顾闳中的传世名作。作品生动地再现了夜宴的奢华、欢闹场面，画中的侍女、舞伎都是清淡素雅的白妆，眉细而长。

唐·佚名《唐人宫乐图》

五代南唐·顾闳中《韩熙载夜宴图》（局部）

5.《汉宫春晓图》

这幅画是明代画家仇英创作的绢本重彩仕女画，生动地再现了汉代宫女的生活情景。仇英笔下的女子娟秀而洒脱，艳丽而雅致，时人赞其仕女画"淡妆浓抹，无纤毫脂粉气"。

明·仇英《汉宫春晓图》（局部）

【知学思考】

1. 古往今来，各朝代妆容各异，造成这种差别的原因是什么？
2. 阅读《神女赋》全文，思考：文中塑造了一位怎样的女子形象？

【知行合一】

　　1. 了解妆容的历史变迁，熟悉各时期的代表性妆容。

　　2. 吟诵李白的《清平调·其一》，结合诗句想象杨贵妃的妆容特色。

　　3. 欣赏各朝代的画像、壁画与女俑，领会古典妆容与现代妆容的异同之处。

　　4. 古代有很多优美的文学作品用花来比喻女子容貌美丽，试从诗经、楚辞、汉赋、唐诗、宋词、元曲、明清小说中各选读一篇相关的作品，体会不同时期女子的妆容特色。

第三十三课 面妆、眉眼妆与唇妆

——小山重叠金明灭，鬓云欲度香腮雪

张敞画眉

《汉书·张敞传》中记载了"张敞画眉"的故事。张敞，字子高，直言敢谏，为官清廉，赏罚分明，在朝廷商议大事时引经据典，处理得当，大臣们都很钦佩他。张敞与妻子十分恩爱，他的妻子幼时受过伤，眉角处有个疤痕，他便每日都为妻子画眉毛以遮蔽疤痕，他画眉的技艺十分娴熟，画出的眉毛惟妙惟肖、栩栩如生。当时长安城中都传说"张敞画眉"的事，夸他对妻子体贴、心细手巧。但是，有些大臣认为张敞为妻子画眉的行为轻浮，有失体统，便向汉宣帝上奏弹劾他。汉宣帝亲自询问，张敞坦然答道："闺房之内，夫妇之间的私情，比画眉更风流的事儿还多着呢！"汉宣帝觉得也是，便没有责备他，但总觉得他缺乏威仪，不应上列公卿。所以他任京兆尹九年之久，政绩显著却始终没有高升。但是，"张敞画眉"却成为了流芳百世的爱情佳话。

【基础知识】

淡妆浓抹总相宜——面妆

面妆是化妆步骤中最重要的部分。古代的面妆大致以白妆与红妆为主，分别表现莹白似雪的肌肤与面泛红晕的健康美，这在诗文与绘画艺术中多有体现。

1. 白妆

白妆，最开始指仅以白粉敷面、不施胭脂的妆容，这种如玉一般素洁淡雅的妆容也被称为玉颜。五代马缟《中华古今注·头髻》中就有"梁天监中，武帝诏宫人梳回心结，归真髻。作白妆青黛眉"的记载。白居易《长恨歌》中"玉容寂寞泪阑干，梨花一枝春带雨"一句，写的就是白妆的杨贵妃。

　　白妆一类的妆容中还有素妆、薄妆等。素妆，类似现在所说的素颜，施淡淡的白粉，妆容自然清浅。薄妆，即淡妆，在敷妆粉的基础上微染胭脂或者黄粉。唐代周昉《簪花仕女图》中的仕女就是着淡妆，面部皎洁干净。素妆与薄妆虽力求简洁素雅，但也点朱唇、画眉，还会加面靥、斜红等，在视觉上增强色彩的对比。

唐·周昉《簪花侍女图》（局部）

2. 红妆

　　红妆，也称红颜、朱颜，是在白色妆面的基础上，用胭脂、红粉晕染腮、颊等部位，常见的红妆有三白妆、桃花妆、酒晕妆、飞霞妆、檀晕妆等。

　　三白妆。三白妆是最常见的红妆，也是古典面妆的基础。在脸部染出红晕，在额头、鼻梁与下颌处敷上白粉，突出这三个部位，使面部更具立体感，类似于现在所说的高光，如《唐人宫乐图》中的仕女。

　　桃花妆。唐代宇文士及在《妆台记》中提到："浓者为酒晕妆；浅者为桃花妆；薄薄施朱，以粉罩之，为飞霞妆。"桃花妆是古代诗词、绘画中较为常见的古典面容，先抹白粉，再涂胭脂在两颊，整体是浅淡的红妆，故称桃花妆，如唐代《舞乐屏风图》中的女子。

　　酒晕妆，又称醉妆，是红妆中最浓的妆。化妆步骤与桃花妆大致相似，但是脸颊上所涂的胭脂更浓，犹如醉酒一般，看上去楚楚动人。酒晕妆在唐宋时期十分流行，许多唐代仕女图与壁画中的女子都有酒晕妆，如新疆吐鲁番阿斯塔那古墓群出土的《弈棋仕女图》中的仕女，颧骨处涂得最浓，向四周逐渐变淡。

唐·佚名
《唐人宫乐图》（局部）

唐·佚名
《舞乐屏风图》（局部）

唐·佚名
《弈棋仕女图》（局部）

飞霞妆。飞霞妆是浅淡的红妆，化妆步骤与桃花妆相反，先在脸上加胭脂，再用白粉覆盖，看上去白里透红，显得气色较佳，如北京法海寺壁画中的女子。

檀晕妆。檀晕妆是在化妆前预先将胭脂与铅粉混合，调和成淡粉色，再涂到脸上。檀晕妆淡雅清新，微染脂粉，能更为自然地衬托出肌肤的滋润光泽，如元代周朗的《杜秋图》。

北京法海寺壁画

元·周朗《杜秋图》（局部）

芙蓉如面柳如眉——眉眼妆

《楚辞·大招》中描写眉眼时说："青色直眉，美目媔只"，宋代王观在《卜算子》中写道："水是眼波横，山是眉峰聚"。古代女子很讲究眉眼妆，画眉的黑色颜料在古代被称为黛，黛很早就与粉并称粉黛。

1. 眉妆

先秦以前，女子崇尚蛾眉，把眉毛画得细长而弯曲，如同蛾须。《诗经·卫风·硕人》中用"螓首蛾眉，巧笑倩兮，美目盼兮"来描写卫庄公夫人庄姜，这种弯而细长的眉形也成了后世女子眉妆的基本样式之一。

汉代是古代眉妆的繁盛时期，除了最为流行的长眉，还出现了远山眉、八字眉、愁眉等诸多眉形。长眉在蛾眉的基础上发展而来，曲细而长。西汉刘胜墓中出土的宫女长信宫灯，脸上就画着稍弯的细长眉。八字眉正如其名，眉头上翘，眉梢压低，形似"八"字。汉武帝时，宫人们就被要求画八字眉。远山眉，源于《西京杂记》中家喻户晓的司马相如与卓文君的故事，书中写道："文君姣好，眉色如望远山"。远山眉细长而舒扬，秀丽开朗，衬得女子眉目含情。

西汉刘胜墓出土的长信宫灯

到了唐代，眉妆由以细长为美发展成了阔而短的风尚。唐代女子画眉前要"去眉开额"，即把眉毛和额头上的汗毛刮干净，然后用黛画出各种式样。据明代杨慎的《丹铅续录》记载，唐明皇曾令画工画十眉图，分别为鸳鸯眉（又名八字眉）、小山眉（又名远山眉）、五岳眉、三峰眉、垂珠眉、月棱眉（又名却月眉）、分梢眉、涵烟眉、拂云眉（又名横烟眉）、倒晕眉。其中，却月眉弯曲如月（如周昉《调琴啜茗图》中的眉妆），涵烟眉与拂云眉较为类似，都是用轻墨晕染作眉（如张萱《捣练图》中女子的眉妆）。晚唐时蛾眉变得阔而短，因此又叫桂叶眉，如周昉《簪花仕女图》中倒八字的阔眉是典型的桂叶眉。

唐·周昉《调琴啜茗图》（局部）　　唐·张萱《捣练图》（局部）

宋代的妆容力求淡雅清丽，偏爱浅匀的眉形。宋代女子还根据文殊菩萨的细眉创出了"浅文殊眉"，如《宋人画折槛图》中的女子就与这种眉形相似。除了原有的柳叶眉，宋代女子的主要眉式还有倒晕眉，即在画完眉后向上晕染，使眉妆上淡下浓，最为典型的就是《宋仁宗皇后像》中的两位宫女。

元代眉妆以细长为主，以突出脸颊圆润丰腴的美，例如，元代各皇后像，皆是纤细、平齐的一字眉。

宋·佚名
《宋人画折槛图》（局部）

宋·佚名
《宋仁宗皇后像》（局部）

元世祖皇后像

明清的眉妆大多纤细弯曲，意在突出女子大家闺秀的气质。清代眉头高而眉尾低，相衬之下，更加楚楚动人。

明·唐寅《红叶题诗仕女图》（局部）

清·佚名《十二美人图》（局部）

2. 眼妆

古人很重视眼睛之美，"美目盼兮"一直是女子所追求的神韵境界。眼妆，主要是在眼睛四周描画线条（相当于现代的眼线），或是在眼窝四周、眼皮上涂抹色彩（类似于现代的眼影），如明代唐寅《孟蜀宫伎图》中的女子。古代女子追求狭长的丹凤眼，在化妆时把上眼睑的线条画得又深又长，称作凤梢，如同明代陈端生的《再生缘》中描述的"低攒淡淡双蛾晕，半合盈盈两凤梢"。

古代的晕色就是在眼窝四周与眼皮的部位涂上深浅的丹、紫色，然后晕染开。唐代有一种血晕妆，需要女子将眉毛剃去，眼睛上下都涂上红色或紫色，唐代李思摩墓壁画中持团扇的侍女，上下眼睑各画一片红色的新月形，与血晕妆类似。但是，这种眼妆过于夸张，不符合大众的审美，后来便逐渐消失了。

明·唐寅《孟蜀宫伎图》（局部）

唐代李思摩墓壁画

　　啼妆与泪妆也是眼妆的一种。啼妆流行于东汉，泪妆据传是杨贵妃的姐姐虢国夫人发明的，当时在唐宫风靡一时。两者的上妆方式大致相似，只在两颊和眼角下略施素粉，不加胭脂，宛如哭泣过的痕迹，显得女子楚楚可怜，惹人疼爱。

丹唇未启笑先闻——唇妆

　　点唇、画唇，能够让嘴唇更加饱满美丽。古代女子用手指蘸取口脂，在嘴唇上点涂鲜丽的色彩，这是化妆必需的步骤，后来还衍生出了《点绛唇》这个词牌。

　　点画唇彩十分讲究与面妆、服饰的比衬搭配，唇色和面色要深浅互映。古画中的女子，往往是艳色的面妆搭配深色的唇彩，淡妆则浓浓皆宜。红唇是最经典的唇色，红唇又因深浅变化而衍生出石榴娇、大红春、小红春、嫩吴香等各种唇色。

　　除了唇色，古代女子在唇形方面也颇下功夫。汉代的梯形唇妆，是在上唇画一个小梯形，下唇画一个大梯形。魏晋时流行的小巧唇妆与当今风靡的咬唇妆较为相似，只画唇的内侧，边缘不晕染，显得唇薄而小。由唐代流行的蝴蝶唇妆可见，樱桃小口在当时备受青睐，饱满精致的唇形配上点在唇角的两个"的"（用红色在脸部点上一个或几个点），展现了女子的甜美与妩媚。宋代女子唇形小巧，多喜以檀色画唇，颜色类似于现在的豆沙色、裸色，整体妆感自然清新。明代的内阔唇妆与魏晋的小巧唇妆类似，但相比之下更接近现代的审美。清代较为常见的是花瓣唇妆，上唇涂满口脂，下唇只画一竖道，以此来表现美唇。

南宋·李嵩《听阮图》（局部）　　　明·唐寅《嫦娥持桂图》（局部）

【生活如诗】

菩萨蛮

唐·温庭筠

　　小山重叠金明灭，鬓云欲度香腮雪。懒起画蛾眉，弄妆梳洗迟。　　　照花前后镜，花面交相映。新帖绣罗襦，双双金鹧鸪。

赏阅：

　　（女子睡醒了）眉妆有些晕染，额黄脱落时明时暗，发髻蓬松，鬓边几缕发丝拂过她洁白的脸颊。懒得早起描画蛾眉，很迟才懒散地梳洗打扮。　　照一照新插的花朵，前镜对着后镜，红花与玉颜交相辉映。穿上崭新的绫罗裙襦，上面绣着成双成对的金鹧鸪，不禁勾起她的无限情思。

　　作者以精致的构思和精美的辞藻，仿佛描绘出一幅经典的唐代仕女梳妆图，将闺中独居思妇的慵懒与闲愁表现得淋漓尽致。

　　温庭筠（约812—866），本名岐，字飞卿，太原祁（今山西祁县）人，唐代诗人、词人，官至国子监助教。温庭筠的诗与李商隐齐名，时称"温李"；其词词风秾丽绵密，多用比兴，是"花间派"词的先导，与韦庄并称"温韦"。有《温飞卿集》。

【艺海拾贝】

　　东家之子，增之一分则太长，减之一分则太短；著粉则太白，施朱则太赤；眉如翠羽，肌如白雪；腰如束素，齿如含贝；嫣然一笑，惑阳城，迷下蔡。

——战国·楚·宋玉《登徒子好色赋》

赏阅：

　　东家女子，身材秀丽，增加一分则太高，减掉一分又太矮；容颜姣美，若涂上脂粉则显得太过煞白，施加朱红又嫌太红；眉毛如翠鸟的羽毛般美丽，肌肤如白雪般洁美；腰身纤细就像裹上了素帛，牙齿像两排整齐的小贝壳；笑起来很甜美，足以迷倒阳城和下蔡一带的人们。

【乾坤通识】

芳泽可亲——古代的美妆用品

　　妆粉　在古代，女子使用的妆粉主要有铅粉与米粉两大类。铅粉，俗称胡粉，因其是铅的粉末，洁白细腻，也称铅华。由于铅是重金属，用久了会侵蚀皮肤，所以后来改用米粉加少量铅粉敷面。

　　胭脂　胭脂通常是面脂与口脂的统称，早期由朱砂粉与动物的油脂调和而来，汉代之后，人们从种植的红花中榨取花汁，以此提取胭脂。除了红花，茜草、石榴花、玫瑰花等一些红色的花朵同样可作为制作胭脂的原材料。

　　眉黛　画眉毛的青黑色颜料在古代称为黱，后来写作黛。隋唐后的女子大多用螺子黛画眉。螺子黛很珍贵，所以后来又有了铜黛、青雀头黛等。

　　面饰　面饰最初、最简单的形式就是用红色在脸部酒窝处点“的”，与后来的面靥同出一源。靥，本指脸上的两个笑涡，也就是妆靥或笑靥。靥最早是在笑涡处点两个“的”，后来又衍生出了金靥（将金箔裁剪成需要的花样作为面靥）、翠靥（用翠鸟羽毛粘贴）、玉靥（用玉片雕刻的面靥）、宝靥（珍珠一类的珠宝装饰）等。

甘肃瓜州榆林窟五代壁画

　　花钿　又称花子、花胜、面花等，一般贴在眉心处。花子形状多变，有梅花状、水滴状（唐代张萱《捣练图》中正在熨布的女子）、宝相花等图案化的形式，还有鸟、凤雏、蝴蝶等肖形，颜色也是红、蓝、翠、金、黑、白等皆备。到后来还出现以珍珠作为装饰的珠钿，多见于宋代各皇后像中。

唐·张萱《捣练图》（局部）　　　　　宋高宗皇后像

【知学思考】

1. 面妆、眉妆、眼妆和唇妆在色彩和形态上要如何搭配才能更好地衬托出人的面容与气色？

2. 阅读宋玉的《登徒子好色赋》，思考"著粉则太白，施朱则太赤"对现代妆容的启示。

【知行合一】

1. 了解面妆、眉妆、眼妆和唇妆的不同类别，学会不同色彩与形状的搭配。

2. 吟诵温庭筠的《菩萨蛮》，了解唐代女子的妆容特色和生活况味。

3. 在化学产品充斥的年代，纯天然的化妆品实属难得，近年出现的以玫瑰花、蔷薇花、石榴花等为原材料制作的胭脂，备受广大女子的青睐。了解制作胭脂的工序，准备好材料，自制一款纯天然的胭脂，作为私人化妆用品，也可作为伴手礼送给闺蜜。

第三十四课 妆容与礼俗

——传闻烛下调红粉，明镜台前别作春

晓霞妆

晓霞妆是古代女子钟爱的妆容之一，南唐张泌的《妆楼记》记录了此妆的由来。

三国时，魏文帝曹丕的宫中有一名叫薛夜来的妃子，魏文帝对她宠爱有加。一天夜里，文帝正在灯下读书，四周是用水晶制成的屏风，薛夜来见文帝时，一不留神，竟一头撞上了屏风，顿时眼角处流出了鲜血。经太医精心诊治，数日后伤口虽愈合了，却留下了一道疤痕。她忧心忡忡，担心自己因容貌被毁而失去文帝的宠爱。谁知文帝见她的伤处如朝霞般艳丽，有种将散未散的朦胧美，更衬得她楚楚动人，反而更加怜惜、宠爱她。宫中其他女子见此情状，纷纷模仿她的样子，用胭脂在眼角旁画上两道当作血痕，取名晓霞妆，后来演变成一种特殊的妆式——斜红，流行于宫内宫外。

【基础知识】

传统妆容与礼俗

传统妆容随着时间、节日、场合等条件的变化逐渐演变出许多妆俗。女子从幼时的懵懂到及笄时的束发开脸，开始化妆；十里红妆嫁为人妇，与爱人举案齐眉，即便年纪渐长，都需要将自己装扮整齐，展现别具魅力的女性之美。

1. 晓妆与晚妆

古代女子的晓妆与晚妆是有所区别的。晓妆也叫晨妆，是白天的妆容。唐代女诗人杨容华在《新妆诗》中以"妆似临池出，人疑向月来"一句来

描绘晓妆。晓妆的妆容比较简单，只是施粉画眉。北宋画家王诜的《绣栊晓镜图》中就描画了一位已化好晓妆、对镜沉思的女子。晚妆通常适用出席晚宴或与爱人相会等场合。夜晚较为昏暗，在烛影月光下，妆容的色彩需要娇艳亮丽一些，尤其是遇上春节、元宵节一类的节日，女子们会盛装打扮，出门游乐，就如宋代张耒在《上元都下》中描述的"淡薄晴云放月华，晚妆新晕脸边霞"。

北宋·王诜《绣栊晓镜图》

2. 季节与妆容

女子的妆容会随季节变换，春妆要丽，夏妆稍薄，秋妆稍浓一些，冬妆更浓一些，这个搭配诀窍现在同样适用。

春天万物复苏，象征着青春、朝气，妆容的色调会比较亮丽夺目，富有青春气息，如唐章怀太子墓壁画仕女图中的仕女。宋人林逋《杏花》中"蓓蕾枝梢血点干，粉红腮颊露春寒"一句，将含苞与半开的杏花比作女子的红妆。春妆中最有名的就是桃花妆，唐人元稹《桃花》诗云："桃花浅深处，似匀深浅妆。"梨花柔白，有如素妆玉容，元代郑光祖在《蟾宫曲·梦中作》中用"缥缈见梨花淡妆，依稀闻兰麝余香"来描写苏小小的容貌。

夏天天气较热，妆容宜薄、宜清爽，多是浅淡的檀晕妆或简洁的妆容，如元代钱选《招凉仕女图》中的仕女。说到夏季便会联想到素洁优雅的荷花，有如女子素妆淡抹，"素妆薄试铅华靓。凝定。似一朵芙蓉泛清镜"（宋·陈允平《晚凉倦浴》）。莲花并不是只有白色，妆容也并非只是单调的白色，有粉白色的飞霞妆，有艳丽的芙蓉妆，也有"沾裹薄粉扑嫩黄"这种微染黄粉的妆容。

秋天的妆容多以金色或黄色的额黄妆为主，与菊花、金桂花、丹桂花等花色应景。也有为了与娇美粉嫩的海棠花和红蓼相衬而化的红妆，如北宋刘宗古《瑶台步月图》中的女子。

冬天的妆容从色彩与装饰上来说比较华丽，红山茶"酒痕犹晕淡燕支"，与浓艳的醉妆交相辉映；腊梅"新染冰肌，浅浅莺黄"，适合作淡雅的素妆或是黄妆；梅花色彩多样，白梅皎洁嫩白，适作素净的汉宫妆，而红梅绛红鲜艳，适作深红的酒晕妆或如初绽梅花的淡红妆。如清代顾洛《梅边吟思图》中的女子。

唐章怀太子墓壁画侍女图（局部）

元·钱选《招凉仕女图》

北宋·刘宗古《瑶台步月图》（局部）

清·顾洛《梅边吟思图》（局部）

3. 婚礼与妆容

晋代左思在《娇女诗》中写道："明朝弄梳台，黛眉类扫迹。浓朱衍丹唇，黄吻烂漫赤"，描绘了两个小女孩学着大人梳妆的娇憨模样。

笄礼，俗称上头，自周代起，女子在已经订婚尚未出嫁之前要举行笄礼，一般在十五岁左右。受笄，要改变幼年的发式，将头发绾成一个髻然后用簪子固定；要开脸，俗称绞面，把脸上的绒毛、多余的鬓发与眉毛的乱毛发都绞去，使鬓角分明，眉毛细长，面容光洁；要开始化妆，使其容光焕发、美丽动人。明代以后，笄礼常与婚礼结合，出嫁的前一天为新娘子开脸、上头，梳妆打扮。而为了让新娘早点完成梳妆，新郎会和友人写催妆诗。《永乐大典》中收录了许多催妆诗，其中就有唐代云安公主出嫁时的《催妆诗》："云安公主贵，出嫁五侯家。天母亲调粉，日兄怜赐花。催铺百子帐，待障七香车。借问妆成未，东方欲晓霞。"

【生活如诗】

催　妆

唐·徐安期

传闻烛下调红粉，明镜台前别作春。
不须面上浑妆却，留著双眉待画人。

赏阅：

新娘在烛火下调着化妆所用的脂粉，新郎已亲自前来迎娶，新娘还在镜台前装扮着自己。（劝新娘）不要把妆画得完完整整，还是留着眉毛等待心上人来描画吧。

本诗是一首典型的催妆诗，诗中借用了张敞画眉的典故，更增添了诗中意境。

徐安期（生卒年不详），唐代诗人，《全唐诗》录有其诗。

【艺海拾贝】

鸡鸣外欲曙，新妇起严妆。著我绣夹裙，事事四五通。足下蹑丝履，头上玳瑁光。腰若流纨素，耳著明月珰。指如削葱根，口如含朱丹。纤纤作细步，精妙世无双。

——汉乐府《孔雀东南飞》

赏阅：

鸡打鸣了，外面的天也快亮了，刘兰芝起床认真地打扮。穿上绣花夹裙，每一件衣饰都试穿试戴四五遍了。脚下穿上丝鞋，头戴玳瑁首饰。腰束细绢光彩像流动的水波，耳上戴着明月珠制成的耳坠。手指纤细白嫩像削尖了的葱根，嘴唇红润像含着红色朱砂。步履轻盈，这样精巧的美人世上独一无二。

【乾坤通识】

红妆尽收香奁中

南北朝文学家庾信在《镜赋》中写道："暂设妆奁，还抽镜屉"，其中的"妆奁"就是指古代女子存放妆粉、胭脂、梳篦等各种梳妆品和梳妆用具的匣子，又叫镜奁、妆具等，后来发展为女子出嫁的嫁妆。

早在西周时期就有铜制的妆奁，春秋战国时出现漆木制作的妆奁，汉代时漆妆奁十分盛行，甚至出现了多层妆奁，妆奁的层数也彰显了其主人的社会阶层与身份地位。

长沙马王堆汉墓出土的双层九子妆奁

　　唐宋时期，妆奁用金银、素漆来装饰。唐玄宗时，梅妃所作的《楼东赋》中就有"玉鉴尘生，凤奁香殄"的描述，凤奁是以凤鸾等为图案，以翡翠、珍珠为装饰的妆奁。元代后，妆奁和镜台结合起来，称为梳妆箱或镜箱，内有抽屉、镜架，使用更方便。

对凤纹葵花形银鎏金奁盒

朱漆戗金莲瓣式奁

　　摆放在妆奁中用来盛放脂粉之类的小件用具，最早是使用贝壳、竹筒等，后来发展成盒与罐等，有金银质盒、雕花的玉盒、瓷盒等，盒上多是象征美好爱情的图案，如鸳鸯、连理枝等。

银鎏金犀牛粉盒

越窑莲花纹盒

【知学思考】

1. 除本教程介绍的，你还知道哪些与生活礼俗、地域相关的妆容？
2. 谈谈《孔雀东南飞》中的刘兰芝是一个怎样的古典女子形象。

【知行合一】

1. 了解、熟知与生活礼俗相关的妆容知识。
2. 吟诵徐安期的《催妆》，并阅读其他催妆诗作，想象女子婚嫁时的妆容，思考古今妆俗的异同点。
3. 实地访问，了解更多与礼俗或地方差异相关的独具特色的妆容。

第三十五课 妆容与仪态美

——回眸一笑百媚生，六宫粉黛无颜色

【历史典故】

东施效颦

西施是中国历史上的"四大美女"之一，春秋时期越国人，不仅有沉鱼落雁之姿，就连一颦一笑都是千娇百媚、惹人怜爱。西施有心口疼的旧疾，犯病时总是用手按着胸口，眉头紧皱。人们见她这副病容，更是怜爱。西施的邻居东施，相貌极丑，见西施人长得美，人们都喜欢她，便学着她的样子，想方设法地打扮自己。

有一天，西施浣纱回来，途中突然犯病。她皱着眉头，一只手捂着胸口忍着痛，步子走得特别小特别慢，但在旁人看来又别有一番风姿。东施见状，就学着西施用手捂住胸口、皱着眉头，以为这样也会有人赞美她。但是，由于她相貌本来就丑，再加上装腔作势的样子，人们见了都避之不及。

东施只看到西施手按胸口、眉头紧皱的样子很美，却不知道这是因为西施本身的相貌就很美，她刻意地去模仿，结果只给后人留下"东施效颦"的笑柄。后来，人们用"东施效颦"比喻盲目模仿别人，结果适得其反。

【基础知识】

翩若惊鸿，婉若游龙——体态美

女子的美，除了精致的妆容与得体的搭配，体态美也是必不可少的内容。随着朝代的变迁，女子体态美的标准也有一定的变化。

唐代以前的女子在画中大多是"擘纤而胸束"，长眉细腰，可谓秀骨清像。

唐代以丰腴圆润为美，这种审美倾向可以从唐代女俑与各色仕女画中看出，甚至于敦煌的壁画和各类神佛像，都是这种丰满健康的形象。唐代张彦远在《历代名画记》中称周昉笔下的女子都是"衣裳劲简，彩色柔丽"，宋代的《宣和画谱》称其"以丰厚为体"。汉唐女子燕瘦环肥，各有千秋。女子未受到缠足、束胸等风气的影响，都是坦荡、天然的风韵。

马王堆汉墓出土的彩绘木俑　　　　　　　彩绘持镜女立俑

宋代，随着文人画的发展，女子也跟着追求娴静淡雅、清秀娇柔的气质。宋代审美开始趋向女子要拥有娇小的脸型、瘦巧的身躯以及细眉樱唇。

明清时期，女子崇尚小巧圆润、弱柳扶风的体态，但这其中已经包含了一些缠足等畸形的审美观，被后世所摈弃。

宋·佚名《女孝经图》（局部）　　　　　　清·改琦《仕女图》（局部）

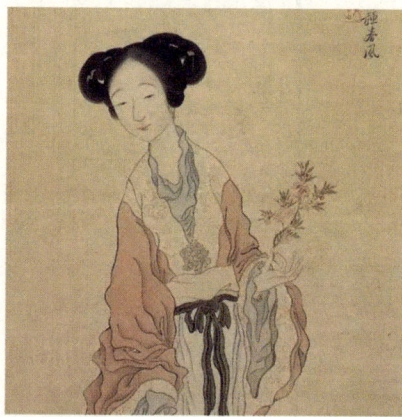

现今，女性的体态美应当是将健康放在第一位，并在此基础上追求适合自己的身材体型。肤色健康，五官端正，再通过巧妙的化妆手法锦上添花或遮掩不足，并通过文化艺术的熏陶具有内在气质，能使自己更符合美的标准，成为赏心悦目的东方佳人。

临去秋波那一转——举止美

　　傅玄《艳歌行有女篇》中写的美人不仅姿色绝美，而且"巧笑露权靥，众媚不可详"，使人不禁赞她"令仪希世出，无乃古毛嫱"。可见女子美则美矣，若是品德低下、知识贫乏、表情冷漠、姿态不佳、言行举止粗鲁，只会让人觉得她是一个雕塑而已。

　　女子得体的步态、文雅的言笑、自然亲切的神情等言行举止都会对妆容起衬托作用。白居易《长恨歌》中写杨贵妃"回眸一笑百媚生"，一个眼神、一丝微笑，都显示出风姿绰约、千娇百媚的美韵。《洛神赋》中描写洛神："动无常则，若危若安。进止难期，若往若还。转眄流精，光润玉颜。含辞未吐，气若幽兰。"步态轻盈、美目流转、吐气如兰，这些姿态都使得洛神愈加风华绝代。女子面带笑意，眉目含情，姿态得体，言语柔和而亲切，举止文雅而有礼，不矫揉造作，不阿世媚俗，方是真正的美丽。

东晋·顾恺之《洛神赋图》（局部）

终温且惠，淑慎其身——内在美

　　所谓相由心生，女性美最重要的还是内在的品德修养。真正的美人讲求的是知性大方、秀外慧中，古典四大美人中的西施与王昭君，为国家复兴大业、为国家和平局面而献身，她们都流芳百世，当之无愧。杨贵妃能诗善书，妙解音律，舞姿曼妙，可她与唐明皇无尽的挥霍，也使得她背上了红颜祸水的骂名。貂蝉利用自身的美色施用连环计，以挑拨董卓与吕布的关系，最终成了政治斗争的牺牲品，后人对其褒贬不一。

　　东晋顾恺之所作的《女史箴图》中就有这样一个场景：女子对镜化妆，另一女子为其梳头，旁有箴言"人咸知修其容，莫知饰其性"，告诫女子要注重修养，不要只求"外在"打扮。古时候的大家闺秀，从小就要学习女德、诗词、琴棋书画，以及茶艺、花艺、香艺、女红、妆容和穿衣佩饰等，以此涵养性情。"腹有诗书气自华"，现代对女性的内在涵养同样重视，女性品行端正，穿着得体，举止优雅，富有才情，再加上精致的妆容，这才是秀外慧中的气质之美，不会

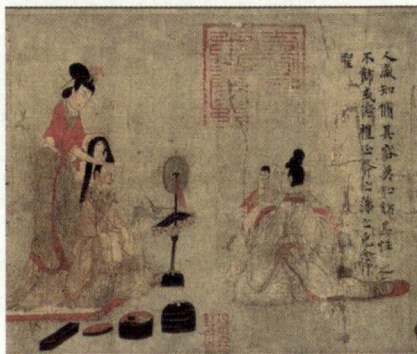

东晋·顾恺之《女史箴图》（局部）

随着年龄增长而消减。如西汉的卓文君，东汉的蔡文姬，魏晋的苏蕙，东晋的谢道韫，唐代的薛涛，南宋的李清照，明代的董小宛，清代汪端，民国的林徽因，现当代的杨绛、叶嘉莹等等，她们皆为人们心目中的绝代佳人。

【生活如诗】

长恨歌（节选）

唐·白居易

天生丽质难自弃，一朝选在君王侧。
回眸一笑百媚生，六宫粉黛无颜色。

赏阅：

（杨玉环）天生资质美丽，倾国倾城的姿色让她很难被埋没，没多久便被选为了唐明皇身边最宠爱的贵妃。她回眸一笑时，千姿百态、娇媚柔情，相比之下六宫妃嫔都黯然失色。

《长恨歌》是白居易的一首长篇叙事诗，全诗叙述了唐明皇与杨贵妃的爱情悲剧。选段描述了杨贵妃的美貌，姿容美丽，体态动人，短短几句便将杨贵妃千娇百媚、倾国倾城的美貌勾画出来。

【艺海拾贝】

秾纤得衷，修短合度。肩若削成，腰如约素。延颈秀项，皓质呈露。芳泽无加，铅华弗御。云髻峨峨，修眉联娟。丹唇外朗，皓齿内鲜，明眸善睐，靥辅承权。瑰姿艳逸，仪静体闲。柔情绰态，媚于语言。奇服旷世，骨像应图。

——魏晋·曹植《洛神赋》

赏阅：

她体态肥瘦适中，身高刚好。肩膀纤细瘦长，腰身圆细美宛如紧束的白绢。秀美的颈项，白皙的皮肤。既不施粉，也不抹脂。发髻如云朵高耸，长眉弯曲细长。唇红齿白，美目顾盼，面颊上两个甜甜的酒窝。她美好的姿容，艳美飘逸，仪态文静，体貌素雅。她情态柔美端庄，言辞得体大方。服饰奇丽举世空前，风骨体貌都与画上相同。

曹植（192—232），字子建，沛国谯县（今安徽亳州）人，三国魏诗人。其诗善用比兴手法，语言精练而辞采华茂，对五言诗的发展有显著影响，还善辞赋、散文，其《洛神赋》对后世文学影响很大。有《曹子建集》。

【乾坤通识】

容颜养护妙方

美容保健是古往今来永恒的话题。古代女子不仅喜欢在化妆品中混合香料，还喜欢用香料煎香汤沐浴。屈原《九歌·云中君》云："浴兰汤兮沐芳，华采衣兮若英。"沐浴时使用澡豆、香皂等，澡豆以豆粉添加药品制成，用以洗手洁面能使皮肤光滑滋润。唐代名医孙思邈在《千金翼方》中提到："面脂手膏，衣香澡豆，士人贵胜，皆是所要"。除用香料煎香汤沐浴外，古人还会将香料用绢袋包裹，佩戴在身上或放在衣柜中，久而久之使衣物乃至身上沾染香气。也有把香料放在香炉中焚烧，用散发出的香气熏染衣物或清新室内空气，如唐人刘禹锡《魏宫词》中有"添炉欲爇熏衣麝，忆得分时不忍烧"，说明当时连珍贵的麝香也会拿来焚烧熏衣。

明代李时珍《本草纲目》中记载了许多滋补养生、润肤养颜的药物，如何首乌黑发益气、阿胶补血养颜、茯苓润泽肤色等等。除了药材，很多日常的食材与常见的花材也能起到美容的作用，如红糖水可以活血通淤，黑芝麻可以黑发，牛奶可以美白，蜂蜜可以滋润肌肤等等。此外，人们还会用各种时花制成糖、饼，或是用来酿酒、做粥，滋补益身，润肤养颜，如明代的《普济方》中就有制作桃花酒的记载，民间流行采用白酒浸泡植物花果，制成藤梨猕猴桃酒、杨梅酒、桑葚酒、桂花酒等。

【知学思考】

1. 说说怎样通过修养，使自己成为"有态、有神、有情、有趣、有心"的美丽女子（试从读书、学艺、礼仪、服饰、妆容、养颜等方面思考）。

2. 中国历史上四大美女西施、王昭君、貂蝉、杨玉环，分别被誉为沉鱼、落雁、闭月、羞花，谈谈她们的仪态妆容的不同特色。

【知行合一】

1. 领会妆容与仪态的内在关系，并注意在生活细节中培养习惯。

2. 吟诵白居易的《长恨歌》（节选），从中领会女子仪态与妆容的关系。

3. 真正美丽的女子讲求的是内外兼修、秀外慧中，学习是提升自身修养的最重要途径，谈谈自己如何坚持学习国学和传统才艺来提升内在素养。

4. 阅读宋玉的《神女赋》、曹植的《洛神赋》、白居易的《长恨歌》和张先的《醉红妆》，比较战国、汉魏、唐代、宋代不同时代的女子妆容有哪些异同之处。

第三十六课 现代妆容中的古典美学元素
——风流学得内家妆，小钗横戴一枝芳

【历史典故】

不识美人

唐代有位名伶，人称庞三娘，丰姿绰约，能歌善舞，很多人都想一睹她的风采。可后来年纪大了，颜容衰退，脸上有了许多皱纹，皮肤也不像年轻时那般细嫩，她便将珍珠粉、云母、粉蜜等材料混合，涂抹在脸上，容貌宛如少女一般，可谓是"徐娘半老，风韵犹存"。

一天，有个戏迷慕名来庞家求见一代名伶，进门见有位未施粉黛的妇人在打扫院子，便上前问道："庞三娘在家吗？"庞三娘回答说："庞三娘是我的外甥女，她今天不在，请你明天再来吧！"

第二天，戏迷如约而至，庞三娘盛装打扮，戏迷根本认不出她就是昨天的半老妇人，对她百般殷勤地道："我昨天见过你姨母了，是她让我今天来见您的。今天如愿见到了貌美天仙的您，真是三生有幸啊！"

由此可见，唐代的妆扮技艺已是炉火纯青，庞三娘的美颜妆容妙方也被流传下来，造福于后人。

【基础知识】

现代女子妆容邂逅古典美学文化

"爱美之心，人皆有之"，远在太古时代，先人就用花卉、野生植物、天然物质制作美颜妆容品。春秋战国时期的《黄帝内经》《神农本草经》，唐代的《急备千金要方》《外台秘要》，宋代的《太平圣惠方》，元代的《御药院方》，明代的《本草纲目》《普济方》《鲁府禁方》等古籍医书药典，都有中草药和一些天然物质用于美颜妆容的记载。时代更迭，潮流瞬息万

变，不论是千年前的"红妆翠眉"还是现代的精致彩妆，人们的爱美之心始终未变。古典并非已是明日黄花，时代也不会停滞不前，传承、创新与融合造就了更趋完美的现代妆容。

1. 职业妆

职业妆指适用于职业女性的职场特点或工作、社交环境的妆容。恰到好处的职业妆可以帮助女子脱去稚气、俗气，给人留下专业、干练、可靠的印象。

职场妆的底妆有汉代女子略施粉黛的风韵，淡妆出场更适合办公环境，给人一种端庄、敏慧、知性的感觉。底妆尽量选择贴近自己肤色的自然色号，若是肤色偏白或偏黄，可以在上完粉底后，再扑上偏淡的红色调蜜粉，白里透红，这是从淡雅天然的飞霞妆中获得的启示。腮红的颜色应以粉红或橙红为主，暖色调可使肤色明亮，显得气色好。口红要薄涂，颜色不要太突兀，视觉效果比腮红稍强一点即可。而眉眼妆则能使个性爽朗自信。稍粗而眉峰稍锐的眉形让人显得干练利落；眼影的颜色要按照服装的款式和颜色来搭配，通常大地色系显得自然的同时更会深邃眼部轮廓；画眼线可以提升眼神，搭配自然卷翘的睫毛可以打造明眸善睐的美感。

在职场上，不仅妆容要做到洁净优雅，还要注意相关的礼仪。穿衣佩饰要大方得体，搭配的妆容要自然和谐，避免过量使用芳香型化妆品，补妆不要在公共场合、用餐场所或有男士在场的地方进行。

2. 生活妆

生活妆是指日常的生活妆容，也即非职业妆或为了某种应酬的妆容。生活妆的特点是淡妆，妆面整体自然、清淡、柔和。根据化妆的目的和表现环境不同，可以进行局部修饰和适当夸张。

现在称流行的清淡柔和妆容为裸妆，而裸妆的萌芽早在明代就已出现，这种妆容自然地还原了女性的本色，起到提升气质的作用。底妆用的粉底液需要和肤色相近，根据自己的肤质对号入座，要尽量清透保湿，上妆时均匀抹开，注意用量适当，稍薄的底妆能使肤质细腻光滑、色泽自然。腮红与唇色差别不要过大。

进行局部修饰只是对面部的某个部位进行化妆，或是为了增强视觉效果，或是为了遮掩伤痕和缺陷。传统妆容中的晓霞妆、描斜红、点面靥最初是为了遮掩伤痕而发展起来的。皮肤有瑕疵或肤色偏色显得不健康，可使用遮瑕膏来掩盖；眼睛缺乏神采，可通过画眼影和眼线对眼睛进行修饰。在化妆的过程中要针对五官的特点，扬长避短，进行局部修饰，既节省时间，又能立竿见影地增添颜值。

3. 复古桃花妆

唐人宇文士及的《妆台记》中载有古代女子用粉与胭脂所化的桃花妆，现在运用新配方的化妆品与化妆技巧同样也能达到桃花妆的效果。

明亮粉色系的桃花妆有助于打造透亮的妆感，选用添加了珠光效果的粉底液，可以使妆后的肌肤散发透亮的自然光泽。腮红是桃花妆最需要大肆铺张的部分，但不要使用玫红色、朱红色等过亮过深的色调。用纯正的桃红色，在脸颊上打上腮红，范围比平常要大一些，以达到提亮面部的效果。但是，由于审美的时代变化，切忌过度追求还原而产生妆容的时代陌生感。

粉红的眼影使用要控制在双眼皮皱褶的范围内，先用金色等淡色打底，然后在双眼皮皱褶处，点上粉红眼影，最好是选择明度高的粉红。唇妆要自然水润，可以先用桃红的唇膏上一层哑光色，然后涂抹高亮度的唇彩，这样唇妆比较持久，也能提亮脸部，使整个人既具古典气息又符合现代潮流。

【生活如诗】

浣溪沙·其二
五代·李珣

晚出闲庭看海棠，风流学得内家妆，小钗横戴一枝芳。
镂玉梳斜云鬓腻，缕金衣透雪肌香，暗思何事立残阳。

赏阅：

傍晚时分在庭院里漫步看海棠，模仿皇宫内的妆束把自己妆扮很有风韵，发髻上横插着像凤钗模样的一支鲜花。用雕花的玉梳子细致地将云鬓斜在耳旁，镶嵌着金丝的衣裳衬透出雪白的肌肤，她站在夕阳下的院子里为何事而沉思呢？或许心中自有一番离情愁绪吧！

本诗描写一位貌美少妇在一个傍晚时分，把自己打扮得艳丽入时，茕茕孑立在残阳下期待、思念情人的迷离之状。此诗笔触细腻，情景交融，首尾遥相呼应，其意寓于言外。

李珣（生卒年不详），字德润，梓州（今四川三台）人，五代前蜀词人，约唐昭宗乾宁中前后在世。李珣少有诗名，风格清婉，多感慨之音，又兼通医理。有《琼瑶集》《海药草本》。

【艺海拾贝】

心犹首面也，是以甚致饰焉。面一旦不修饰，则尘垢秽之；心一朝不思善，则邪恶入之。咸知饰其面，不修其心……故览照拭面，则思其心之洁也；傅脂则思其心之和也；加粉则思其心之鲜也；泽发则思其心之顺也；用栉则思其心之理也；立髻则思其心之正也；摄鬓则思其心之整也。

——东汉·蔡邕《女训》

赏阅：

心和头、脸一样，都需要认真修饰。脸一天不修饰，就会被尘埃与污垢弄脏；心一天不修善，就会被邪恶的习气所入侵。人们都知道修饰自己的面孔，却不知道修养自己的身心……所以取来镜子擦拭面孔时，要想想自己的心是否纯净；涂抹香脂时，就要想想自己的心是否平和；施粉时要想想自己的心是否鲜明；润泽发丝时要想想自己的心是否安顺；用梳子梳头发时，要想想自己的心是否条理有序；绾发作髻时要想想自己的心是否与这发髻一样端正；修正鬓角时要想想自己的心思是否与鬓发一样细密整齐。

蔡邕（132—192），字伯喈，陈留郡圉县（今河南杞县）人，东汉文学家、书法家，官至左中郎将。其散文长于碑记，工整典雅，多用排偶。有《蔡中郎集》。

【乾坤通识】

翩翩素袖启朱唇——色彩搭配的学问

在实际的化妆操作中，妆容需要按照个人的五官特点、年龄、气质、职业、文化背景、所处场合以及穿衣佩饰的格调加以选择。

妆容色彩要与衣服色彩深浅相衬，妆容色淡，衣色就要相对艳丽些，但对比不能过于强烈，要保持两者的协调。浓妆素衣、淡妆艳衣或者淡妆素衣、浓妆艳衣，要与人的身份、职业、学养、整体气质以及时令、场合相宜，只要搭配得当，都能展现女子独特的魅力。

画眉时，一般依面妆的浓淡程度，面妆色彩较浓，则眉色也要深一些，相反，淡妆就要搭配较淡较细的眉。眼妆是通过涂抹色彩使眼窝、眼皮处的颜色和周围皮肤有差别，以此来增加立体感、层次感，使眼神显得深邃。但是，画眼妆时要注意，无论艳丽或者素净的颜色，都要从浅到深自然过渡，这样才能使眼妆真实自然，不会刻板突兀。

唇的色彩在整个妆容中是画龙点睛之笔，和谐而又不失个性的唇色是女子的魅力所在。唇色和面色要深浅相映，若面妆的颜色较艳丽，唇色就可以深一点，若是淡妆，唇色浓淡皆宜。女子若是穿红、黄、橙等暖色调的衣服，通常配石榴红、大红、猩红的唇色；若是穿白、粉色、淡蓝等浅色的衣裳，唇色比衣色稍深，但不要过于夸张；黑色、藏青、紫色、驼色等深色衣裳搭配的唇彩颜色就宜深一点、亮一点。白妆可以配大红的唇色，但不太日常化，若是追求自然真实的日常妆感，可以搭配浅色或者视觉对比不那么突兀的颜色，例如时下流行的豆沙色。

总而言之，无论是脸妆、眉妆、眼妆、唇妆还是头发的形状、颜色等，凡妆容及穿衣佩饰皆要因人而宜、因场而异、因时而变，切不可生搬硬套，盲目跟风。在符合时代审美观的前提下，融合一些古典妆容的美学元素，按照自己的意愿，穿出个性，妆成特色，才是最好的、最美的、最适宜的。

【知学思考】

1. 现代女子妆容保留了哪些古典美学元素？有什么明显的新特色？
2. 阅读蔡邕的《女训》，结合实际说说一位优雅大方的新时代女性应该是怎样的。

【知行合一】

1. 了解现代妆容的化妆顺序、色彩搭配等技巧，并学会运用到日常生活中。

2. 吟诵李珣的《浣溪沙·其二》，加深对古代妆容文化的理解。

3. 平时化淡妆，根据不同的场合和穿衣风格适当改变妆容造型，在实践中提升妆扮水平。

4. 抽时间参加妆容知识讲座、妆容艺术雅集等活动，拓宽眼界，不断提升妆容艺术水平。

5. 持之以恒学习国学、琴棋书画和淑艺，不断提高自身的品德、学养、艺术素养和审美能力，将自己修炼成一名秀外慧中的新时代佳人。

本单元教学建议

◎**教学目标**

1. 了解传统妆容的起源与历史渊源。

2. 了解并熟知传统妆容的面妆、眉眼妆、唇妆的历史发展过程以及特色。

3. 了解传统妆容与体态、内在的紧密联系。

◎**教学重点**

1. 理解各部位妆容的历史发展特点。

2. 理解体态、内在对妆容的衬托作用。

◎**教学难点**

掌握传统妆容的历史发展，以及在现代社会中的传承与创新。

◎**广览博学**

1. 搜索、阅读卫泳的《悦容编》。

2. 搜索、阅读李芽的《中国历代妆饰》。

编后记

　　以浙江大学、西泠印社、中国美术学院、中国围棋协会、浙江师范大学、浙江音乐学院等单位的知名学者为学术指导，由浙江大学出版社出版，新华书店重点推广发行的《中华人文素养教程》（简称《素养教程》），历时三载，六易其稿，即将付梓出版。《素养教程》是二十多位学者专家、十多位专职编辑人员和三十多位国学才艺任课教师，以及浙江大学出版社专业人士心血和智慧的结晶，是人文素养教育"十三五"时期的重大研究成果，是我国深入实施中华文化伟大复兴大计和教育部行将颁布新教材之际重要的人文素养教程。

　　浙江大学以及文化部、全国文联、中华文化促进会、浙江大学出版社的有关领导、专家对《素养教程》的研发工作十分重视，多次对编著方案、编辑团队、课程大纲、教程体例等予以指导。乙未年仲秋，印发了《素养教程课程大纲》和《素养教程编辑标准、体例和工作方案》，向二十几位具有教材编著、出版经验的学者、专家征求意见，组织召开论证会，进行了三轮修正，最终经楼含松、余潇枫、潘新国、杨念迅、贺海涛、毛德宝等知名学者专家审定。《素养教程》编著工作由具有教材教法专业知识、教学教研实践经验和人文素养教育学术造诣的李德臻先生持纲主编，编审由具有深厚汉语言文字功底和丰富教材编辑经验的潘新国、杨念迅先生担任，国学、古筝、围棋（级位卷）、书法（楷书卷）、国画（花鸟卷）、生活美学六科教程分别由黄灵庚教授、盛秧教授、何云波教授、魏峰教授、蒋跃教授、陈云飞研究员担任学术指导，毛德宝教授任美学指导，张中宁女士任执行主编。张中宁、朱心怡、李云蕾、高阳梦觉、盛梦雪分别负责相关科目文献整理、基础编辑和校对工作，黄菊负责插画等工作，李晔子、李雨童分别负责编辑部行政、大纲论证、编辑通联和制图、摄影、版面初设等工作。编著期间，多次印发各科目教程篇目样章以征求相关学者专家和任课教师的意见，先后组织二十多次编审会议，精心修改，至戊戌年孟秋《素养教程》完稿，提交浙江大学出版社审定陆续付梓出版。三年来，诸专家学者和编辑人员，凭着对承扬中华优秀传统文化的高度使命感和责任感，为《素养教程》研发工作付出了不懈的辛劳。在此，表示衷心的感谢！

　　《素养教程》研发是一项庞大的系统工程，需要大量的财力、智力和时间投入，需要方方面面的配合和支持。在整个研发过程中，得到故宫博物馆、中华珍宝馆、中国知网、北京大学图书馆、浙江大学图书馆、中国美术学院图书馆、西泠印社、浙江省图书馆、浙江美术馆、杭州市图书馆等单位的文献支持；得到陈劲、李圣华、吴惠青、胡朝东、沈志权、王平、周刚、洛齐、王琦、古宗耀、田仙珺、董闰聪、晏鸽、汤汤、邹唯成等学者和葛玉丹、冯社宁、沈爱云等出版界专家的指导；得到胡荣达、邹志刚、陈军、何蒸、李真、颜天明、于顺喜、李向阳、王俊良、李志龙、叙音、董岩、颜永刚、林桂光、蔡唯敏、左睿、张尧、胡金、高飞等亲朋好友和业界同仁的帮助；得到袁秀粉、邓雅丹、王亦微、李淑媛、骆稽泓、徐亦林、江洁、吕京、金迅兆、董俐妤、韩云清等国学才艺教师的配合，许艳、沈玲、王鹏飞、陈翰丹、施双、吴莹等教师参与了教程研发前期的文献整理、编辑、插画、题款、摄影、制图等工作。在此，一并表示诚挚的感谢！

由于编著出版工作时间紧、任务重、体例新、现成文献缺乏、工作难度大，《素养教程》存有不足之处，恳请专家、学者、任课教师和广大读者予以批评指正，以便今后进一步修正完善。谢谢！

我们的联系方式：

电话：0571-88955339

邮箱：rwsydzmz@163.com　rwsyzzn@163.com

编　者

二〇一八年八月二十七日

专家评语荐言

§ 传承弘扬优秀传统文化，需要对传统文化进行分析鉴别，去芜存菁；需要通过当代化阐释，体悟式传播，让优秀传统文化精神深入人心。《中华人文素养教程》在这方面做了有益的探索。

——楼含松（浙江大学人文学院院长，古典文学理论家）

§ 德臻先生主编的《中华人文素养教程》从诗教、史学入手领悟汉字、乐曲、画面的意境，从而涵养学生的审美情怀和激发学艺兴趣，继而循序渐进地习修才艺。这是对传统才艺教学的一个创新，也是创新必备的人文艺术基础。

——陈劲（清华大学技术创新中心主任，教育部科技委管理学部委员）

§ 敩遬先生的责任担当在《中华人文素养教程》上得以完美诠释。"少年强则中国强，国学盛则中国盛。"本套教材中的琴棋书画诗礼以及茶艺、花艺、香艺、女红、服饰、妆容等才艺，无不彰显中华文化之博大精深。该教材编辑正规严谨，合乎规范，特荐为全国才艺海内外必用国标教材。

——贺海涛（全国才艺测评委员会主任，文化部中国书画院院长）

§ 上世纪八十年代，我与德臻先生合作过"学生整体素质教育实验"项目。时隔三十年，他仍不辞辛苦地耕耘在这方热土上。最近他主编出版的《中华人文素养教程》，将德育、美育、诗教、礼教、家学融进才艺教学中，真正体现了人文素养教育的本质，可以说是他不了的教育情怀、学术思想和淑世精神的一个完美结晶。

——董闰聪（全国优秀教师，浙江省首批功勋教师、特级教师）

§ 李德臻博士主编的《中华人文素养教程》集琴、棋、书、画、礼、仪、乐基础知识于一体，易学易懂，是少年儿童成长不可或缺的教科书。

——田仙君（中国人民大学少年新闻学院副院长，儿童诗歌著名诗人）

§ 李德臻院长主编的《中华人文素养教程》系统全面、丰富扎实，凝结众多专家学者的智慧和心血，能给当下青少年在家国情怀、人格修养、审美情趣等方面有趣、有效的熏陶和引领。

——汤汤（儿童文学著名作家、浙江省作家协会副主席）

§ 谁言文艺只言情？培铸根魂建世勋。笔底风云千万里，澄清玉宇大德行。——祝贺南木子先生主编的《中华人文素养教程》成功出版。

——王平（中国国家画院研究员，《中国美术报》执行总编辑）

§ 李德臻教授主编的《中华人文素养教程》不仅是一套艺术技法传授的教程，更是一套促进学生人文素养提升的教科书，强调的是中华优秀传统文化的传承，是我们实现"中国梦"的文化基石。

——毛德宝（中国美院出版社画册编辑室原主任、美术副编审）

图书在版编目（CIP）数据

中华人文素养教程·生活美学 / 李德臻主编. — 杭州：
浙江大学出版社，2021.6
ISBN 978-7-308-21039-3

Ⅰ. ①中… Ⅱ. ①李… Ⅲ. ①人文素质教育—中国—教材
②生活—美学—教材 Ⅳ. ①G40-012 ②B834.3

中国版本图书馆CIP数据核字（2021）第021891号

中华人文素养教程·生活美学

北京（全国）艺术素质测评指定教程

李德臻　主编　杨念迅　编审　陈云飞　学术指导

策划编辑	葛玉丹
责任编辑	葛玉丹　冯社宁
文字编辑	张中宁
责任校对	董雯兰
封面设计	项梦怡
出版发行	浙江大学出版社
	（杭州市天目山路148号　邮政编码310007）
	（网址：http://www.zjupress.com）
排　　版	浙江时代出版服务有限公司
印　　刷	浙江新华数码印务有限公司
开　　本	889mm×1194mm　1/16
印　　张	15.5
字　　数	345千
版 印 次	2021年6月第1版　2021年6月第1次印刷
书　　号	ISBN 978-7-308-21039-3
定　　价	52.00元